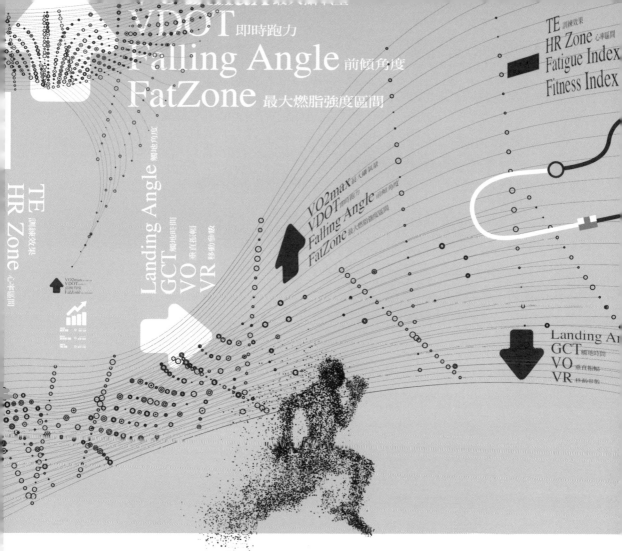

VDOT 即時跑力
Falling Angle 前傾角度
FatZone 最大燃脂強度區間

TE 訓練效果
HR Zone 心率區間
Fatigue Index
Fitness Index

Landing Angle 觸地角度
GCT 觸地時間
VO 垂直振幅
VR 移動參數

TE 訓練效果
HR Zone 心率區間

VO2max 最大攝氧量
VDOT 即時跑力
Falling Angle 前傾角度
FatZone 最大燃脂強度區間

Landing An
GCT 觸地時間
VO 垂直振幅
VR 移動參數

透過跑錶解析自己的跑力，
突破瓶頸，進行有效率的科學化訓練

跑者都該懂的
跑步 關鍵
數據

You should know
these
Running
Data

徐國峰、莊茗傑 著

生活風格 FJ1053

跑者都該懂的跑步關鍵數據

透過跑錶解析自己的跑力，突破瓶頸，進行有效率的科學化訓練

作　　　者	徐國峰、莊茗傑
編　　　輯	謝至平
行 銷 企 劃	陳彩玉、陳玫潾、蔡宛玲
編 輯 總 監	劉麗真
總　經　理	陳逸瑛
發　行　人	涂玉雲
出　　　版	臉譜出版
	城邦文化事業股份有限公司
	台北市民生東路二段141號5樓
	電話：886-2-25007696 傳真：886-2-25001952
發　　　行	英屬蓋曼群島商家庭傳媒股份有限公司城邦分公司
	台北市中山區民生東路141號11樓
	客服專線：02-25007718；25007719
	24小時傳真專線：02-25001990；25001991
	服務時間：週一至週五上午09:30-12:00；下午13:30-17:00
	劃撥帳號：19863813　戶名：書虫股份有限公司
	讀者服務信箱：service@readingclub.com.tw
	城邦網址：http://www.cite.com.tw
香港發行所	城邦（香港）出版集團有限公司
	香港灣仔駱克道193號東超商業中心1樓
	電話：852-25086231 或 25086217　傳真：852-25789337
	電子信箱：hkcite@biznetvigator.com
新馬發行所	城邦（新、馬）出版集團
	Cite（M）Sdn. Bhd.（458372U）
	41, Jalan Radin Anum, Bandar Baru Sri Petaling,
	57000 Kuala Lumpur, Malaysia.
	電話：603-90578822　傳真：603-90576622
	電子信箱：services@cite.com.my
一版一刷	2016年6月
一版八刷	2023年3月

城邦讀書花園
www.cite.com.tw

ISBN 978-986-235-516-9

國家圖書館出版品預行編目資料

跑者都該懂的跑步關鍵數據：透過跑錶解析自
己的跑力，突破瓶頸，進行有效率的科學化訓
練/徐國峰，莊茗傑著. -- 一版. -- 臺北市：臉譜，
城邦文化出版：家庭傳媒城邦分公司發行，
2016.06　面；　公分. -- (生活風格；FJ1053)

ISBN 978-986-235-516-9(平裝)

1.賽跑 2.運動訓練

528.946　　　　　　　　　　　　105008390

跑者認識自己的工具：
自知者明，自勝者強

　　我從小就喜歡研究，對物理化學都很有興趣，因此大學選了化學工程學系。在這個系裡既可以研究物理，也可以做許多有趣的化學實驗，同時還有機會學習工程數學，非常有趣，這些知識使我更加認識外在世界的運作原理。雖然有趣，但「認識」外部世界並不是一件輕鬆的事，除了像背單字一樣，要先把基本的元素與物理原則記下來之外，也需要具備邏輯思考能力並透過許多實驗器材的輔助才能進行研究。

　　接觸了耐力運動之後，發現人的身體也是一個既複雜又精密的微觀世界。運動力學其實就是物理；運動生理學其實就是身體裡面的化學；分析數據時也需要許多數學的演算法。在研究運動科學時，我除了是研究者，也同時是被研究的對象。而且透過研究與訓練，我的身體竟能愈來愈強（愈跑愈快），快到超乎過去自己的想像，全程馬拉松的成績從 4 小時進步到 2 小時 43 分。因此，我逐漸被這個內在的世界的微妙變化深深吸引，二〇一〇年退伍後就此一頭栽入運動科學的研究。

　　在投入研究的過程中，我總是想起希臘戴爾菲神殿上刻著的一句話：「認識你自己」。這些年來透過游泳、鐵人三項與跑步訓練與研讀運動科學家的成果，我愈來愈認識自己的身體與心靈。但這樣的認識，僅限於抽象的自覺，很難具體描述身體的狀態和進步的程度，但現代的跑錶

與各種線上服務已經可以量化各種身體狀況的指標。

　　老子說：「知人者智，自知者明；勝人者有力，自勝者強」（《老子》第三十三章），我認為任何人想在某個領域不斷突破，要先有強烈且深刻的自知之明，才有可能勝過自己，能一再「自勝」之人才是真正的強者。我這裡所謂的強者，並非只局限於一再追求最佳成績與突破紀錄的菁英跑者，而是泛指「不斷鍛鍊身心」的鬥士（fighter）！

　　在學習跑步科學的過程中，我總是不斷想起美國當代神學家萊茵霍爾德‧尼布爾（Reinhold Viebuhr）曾說過的一段話：「神啊！賜給我平靜，

讓我能接受自己無法改變的事物！賜給我勇氣，讓我能改變自己可以改變的事物！並賜予我智慧，讓我可以區別這兩者。」平靜與勇氣都是「自勝」的元素，它們跟體能無關，而是心的兩種運動特性。

訓練是為了變得比之前的自己更強，這需要挑戰自己的勇氣。這種奮力向前的決心，在不斷追求經濟成長的文化裡我們都很容易學到，但平靜地分析、檢討與接納自己的程序卻常被跑者所忽略。在專業跑者的訓練過程中，這種冷靜的分析工作是由教練負責，而且這樣的人還同時需要具備知識與裝備，前者得花時間累積，後者（在過去）則需要付出高昂的代價。

大部分愛好跑步的跑者不見得有能力請得起教練，但現代逐漸普及的穿戴裝置正可以扮演輔助的角色，我認為它即是一種幫助跑者們認識自己的工具。就像學習使用電腦這項工具一樣，活在這個時代你很難不接觸到電腦，而跑錶就像電腦一樣，是一種提升效率的工具。我相信跑步相關的穿戴裝置也會愈來愈方便與普及化，所以如果你也愛跑步，一定要學會善用這項絕佳的工具，因為唯有在深刻地認識自己的優缺點之後，才能確認接下來該往哪個方向邁進。

這幾年有機會在各地擔任教練，接觸到不少強烈渴望變強或在比賽中突破成績的跑者。他們花了很多時間訓練，也花了錢買多功能跑錶，但我卻發現大部分買錶的跑者都只會在訓練後看里程數、平均配速或心率等數字，反而不太了解「數字背後的意義」；當我看到能提升訓練效率的寶物就在他們身上，卻不知如何利用，覺得十分可惜。

大多是因為跑者的知識還跟不上，所以當他們買了錶回去後，錶上太多無法理解的數據反而變成他們的心理負擔，但其實這些數據不只能讓訓練變得更有效率，也能避免受傷和增加訓練的趣味性。

近幾年來，每次在課堂中或臉書上講解完各項功能與使用方式後，都會收到許多跑者因此打破個人最佳紀錄的感謝信，讓我覺得這些關於工具的分享，真的能幫助到其他跑步同好，所以才興起把這些知識整理成一本書的念頭。

但事情沒有我想像的那麼簡單，並非運動專科出身的我，原本只懂皮毛，開始深入血肉後，才知道背後的知識體系超乎自己的想像。而且還有許多新的數據根本沒人測試過，因此我們必須自己花時間累積數據，才能開始分析與歸納。

在這段時間，感謝茗傑和譽寅的協助，沒有他們幫忙蒐集數據與提供意見，這本書就無法順利完成。

不管是軟體還是硬體都只是工具，工具永遠只是輔助，跑者本身才是主體。不要陷入數據之中，對數值高低太過執著，數據永遠只是協助我們分析與認識自己的參考。訓練是一門藝術，沒有標準可言，就像雕刻家在打造藝術品時可以用直尺和圓規，但藝術品的價值絕對跟尺規的優劣無關，而跟創作者的能力有關。身為跑者的你，既是創作者也是藝術品，現在工具的使用方式已經寫在這邊，用或不用都沒關係，因為它只是工具，你才是主角。

但我們必須認清「了解自己」是變強的必經過程，所以我希望你能透過這本書所提供的知識與工具，學會更深入地剖析自己的實力，進而變得更加強韌。

—— 徐國峰

「量化」是科學化訓練的關鍵

　　科學化訓練有三個元素，分別是：量化、個人化與週期化，其中又以量化最為關鍵，因為如果不能量化，其他兩項也無法具體落實。而所謂量化說白了，就是要把原本抽象的訓練結果與主觀的感覺給數字化。

　　我們可以把身體想像成一部賽車，其中引擎的效能、油箱大小、供油與排氣系統就好比像跑者的「體能」，但如果車體不夠堅固，引擎再強大也沒用。一個體能很好、「肌力」不足的跑者，就像是把 F1 賽車的引擎裝到自家用車上面，油門不小心踩得太大力，車身很可能就會解體。當然，不管車子的性能如何，駕駛的技巧也很重要，如果你把你的車鑰匙交給沒有駕照的人，請他把車開回你家，很可能途中就會發生車禍。因此跑者的「技巧」就跟賽車手的開車技術一樣重要。所以肌力與技術太差正是造成跑步運動傷害的主因。這三種能力環環相扣，想要提升跑步實力，三者得同步成長。

　　有很多人誤以為體能好就一定跑得快，但這可不一定，試想奧運游泳選手的體能一定極佳，但他們跑步的速度可能不如台灣任何一位大學校隊的選手。因為他們在水中進行訓練，所以肌肉很少接受像跑步這種落地衝擊的刺激，因此跑步所需的肌力很弱，跑步技巧也鮮少磨練，所以體能只是跑步速度快慢的因素之一。

你可以想像自己在玩角色扮演遊戲（RPG），你扮演的是一位跑者，你的等級取決於體能、肌力與技術三種能力值。對於游泳選手而言，當他剛要轉成跑者時，體能值很高，但跑步肌力和技術相對就很差；舉重選手要開始跑步，剛開始的肌力絕對不成問題，但跑步體能和技術相對就比較差。

過去我們一直無法明確知道自己的實力如何，也不知道自己成績進步時，是體能提升了？還是技巧變好了？或只是肌耐力變強了？主要原因就是我們無法「量化」自己的各項能力。

其中肌力是最容易量化的部分，只要透過重量、反覆次數和組數就可以量化，也可以藉由重量來控制訓練強度與觀測未來的訓練成效。例如原本蹲舉只能做五十公斤十下，三個月後可以負重八十公斤做十下就是進步了（10RM 從五十公斤進步到八十公斤），非常明確。但體能、技術和壓力的量化，過去一直受限於科技，現在隨著穿戴裝置的普及已不成問題。

蒐集資訊	演算 & 分析	呈現平台
心率帶 跑錶 智能耳機	跑錶 智慧型手機 APP 雲端平台 智能鞋墊或 跑鞋上的其他感測器	跑錶 智慧型手機 APP 雲端平台

圖表01‧1　科學化訓練的輔助工具可分為蒐集資訊、演算分析與呈現平台三大類。

拜穿戴科技的進步之賜，原本無法便利量化的各項數據，現在已經可以進行「蒐集」、「演算」與「呈現」了。穿戴裝置主要的目的，是蒐集使用者的資料，為了達到這個目的，必須把它穿在身上。有了原始資料（raw data）之後，才能開始進行演算，不管演算是在智慧型手機上的 APP、雲端、電腦或跑錶上，目前最方便的呈現界面還是手機。當然，跑錶也可以呈現一些數據和簡易的圖表，但詳細的資訊還是在手機上比較清楚，這也是各家跑錶大廠最終都會開發 APP 的原因。但在呈現資料上，跑錶還有一項比手機更有利的優勢，在於可以即時監控跑者當下的狀況，當然，這項便利性是需要多花錢的，如果可以忍受邊跑邊盯著手機上的數據的不便，那就可以省下這筆錢。雖然本書會談到幾款手機 APP 和雲端服務，但全書的重點還是以跑錶的運用為主。

【導讀二】

如何使用這本書

　　本書主要是寫給沒有教練指導但很想要從事科學化訓練的跑者、有心擔任教練，或是在社團中替別人開課表的跑者。透過本書你將學會用穿戴式裝置來進行科學化訓練，以及判斷自己是否進步了，而進步的是體能還是技術。換句話說，善用這個現代化的工具，就能利用數據來確定自己的優缺點，進而調整未來的訓練方向。

　　書中談論的工具分為軟體和硬體兩大類。軟體包括手機 APP 和科學化分析網站，網站以耐力網和 RunningQuotient（RQ）為主。硬體方面則使用 Garmin 的跑錶來當作範例說明，但書中所討論的內容並非只有 Garmin 的產品才能使用，像 Polar、Suunto、Epson、TomTom 或其他各種能搭配手機的藍牙心跳帶都適用。書中除了少數幾項技術功能之外，所有的數據都能在其他品牌的跑錶中找到 。

　　此外，像是心率和配速數據，幾乎所有的跑錶都具備，如果你已經有跑錶，也很習慣時常追蹤自己的各項紀錄，現在就可以直接拿來使用，不需再購買新的。除非對書中比較專業的分析數據很感興趣，像是「訓練效果」（Training Effect, TE）、「最大攝氧量」（Maximal Oxygen Uptake, VO₂max）、「心率變異度」（Heart Rate Variability, HRV）、「壓力指數」（Pressure Index）和「恢復時間」（Recovery Time）……

等，可以購買 Firstbeat 合作廠商的產品，目前有 Garmin、Samsung、Suunto、Sony、Pear Sports、Bosch、PulseOn 等高階的運動錶，詳細資訊可以到 Firstbeat 的官網上查詢。

　　分享如何運用跑錶的數據與雲端服務的各項分析功能是本書的任務，指標數據很多，全書把它分為三大類：

1. 體能指標。
2. 技術指標。
3. 訓練效果與壓力指標。

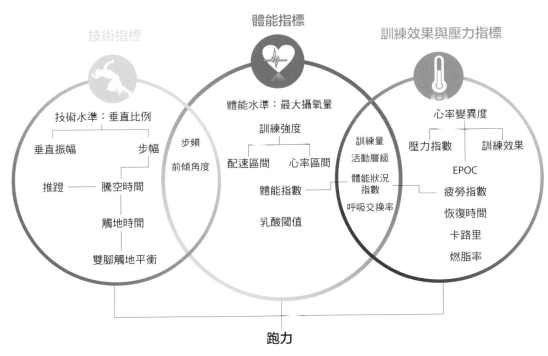

圖表 01·2　跑步關鍵數據的三大類別。

每個指標下面還有一些說明細項，書中會針對不同的數據解釋它們的意義和運用方式（怎麼運用），接著再說明它們被研究出來的原因和來由（從何而來）。

　　如果你對「從何而來」不感興趣，建議只讀每一個指標的「怎麼運用」即可，因為這是本書最主要的目的，每位跑者都能學會解讀每一個數據背後的意義，並加以運用。至於背後的原理，則是寫給那種不只想學操作電腦，還想了解電腦內部運作原理的人讀的。

【第1章】最大攝氧量

量化自己的有氧體能水準！

互相比較是人之常情，所以「關於體能有沒有進步」這個問題一開始很困擾我們，為了釐清問題，第一步是把「跑者的體能」給定義清楚。有了明確的定義之後，才能了解數據代表的意義。

量化體能的關鍵數據是最大攝氧量，它能衡量你的身體引擎每分鐘能輸出的最大能量是多少。但在過去，要取得這個數據相當困難，你必須進實驗室，在身上固定許多管線，把自己操到衰竭才量得到。但現在有許多其他的替代方式。

在這一章會解釋最大攝氧量是什麼？跑者的引擎在哪裡？當我們能確認引擎的部位與運作原理後，訓練起來就會更具體。

1.

心臟只是幫浦，
跑者的引擎在粒線體

只要活在世上，我們無時無刻都在使用氧氣。處於靜止狀態時，身體消耗的氧氣量比較少，它會隨著運動強度而增加，直到最大值，就像每具引擎都有固定的最大進氣量一樣，每個人的身體使用氧氣的最大值也有其上限。看誰量測出來的最大值最高，誰的體能就最好。不過體能最好不見得跑得最快，還要搭配優異的技術、跑姿、肌力和意志，但體能是一切的根本，它就像汽車引擎的功能一樣。汽車要能跑得快，引擎的馬力當然要夠好，它雖然不是唯一的功能，但沒有人能否認它是最核心的一項。

然而身體裡「跑步引擎」的動能來自哪裡呢？不在心臟，也不在肺部，而是在於肌纖維裡的小細胞──粒線體（mitochondrion）。就像汽車引擎裡主要作功的位置在汽缸一樣，當化油器將「燃料」和「氧氣」送來此處，火星塞傳送電流將兩者點燃，以受到控制的爆炸來使活塞上下運行，進而驅動曲軸，轉動輪胎。在這個過程中，肌肉裡粒線體的角色就像引擎裡的汽缸，裡頭會透過激烈的氧化反應產生能量（運動生理學家把產生的能量單元簡稱為 ATP，Adenosine Triphosphate）來驅動骨骼。身體裡的汽缸愈多，所產生的動能也愈多愈快。

我們無法精確計算身體裡的粒線體數量，但在代謝的過程需要氧氣，所以我們可以直接從每分鐘所消耗的氧氣量來評估跑者的有氧體能。能量代謝與氧氣消耗之間有基本的對應關係：身體每消耗 1 公升的氧氣，大約會產生 5 大卡的能量（包括動能與熱量）。因此，只要知道身體在運動過程中總共消耗了多少氧氣，就可以計算出身體所代謝的能量是幾大卡，這也是最大攝氧量這個數據被一再強調的原因。（消耗「熱量」愈多不見得「燃脂率」就愈高，這點將在第 8 章仔細說明）。

但實際的最大攝氧量只能在實驗室裡測出來。實驗室裡的測量方式，是讓受試者戴上面罩在跑步機上跑步，蒐集他們所呼出的每一口氣，再逐漸提高跑步機的速度（把跑步機的速度愈調愈快），直到跑者衰竭，藉此量測跑者在最高運動強度下身體消耗了多少氧氣。

跑者每分鐘消耗掉的氧氣量稱為「絕對攝氧量」，但為了能夠互相比較，運動生理學家會把絕對值除以體重，取得「相對攝氧量」。因此最大攝氧量常用的單位是身體每分鐘、每公斤體重所消耗的氧氣量（ml/min/kg），這也就是運動生理學家所定義的「最大攝氧量」。

不少人會把最大攝氧量跟肺活量劃上等號，但其實兩者所代表的意義相當不同，只要把它們想成「幫浦」跟「引擎」的功能，就可以分辨兩者的差別。若把身體想成一部機器，肺部就像進／出氣幫浦，心臟則是打血幫浦，強力的幫浦（強大的心肺能力）當然有助於引擎的做功效率，可是如果只練肺活量而很少練跑，運送氧氣和二氧化碳或代謝氧氣的機制不夠順暢，肌肉裡的粒線體也不夠多的情況下，肺活量再大或心臟再強壯都用不著。就像肺容量大的人，進氣量多；心臟強而有力的人，輸送帶氧的紅血球比較快。進氣量又多又快當然對大引擎有幫助，但如果你的引擎還很小，氣缸不夠多，效能不足，使得送過來的氧氣來不及燃燒，所以此時心肺能力練得更強也沒用，就像原料與能源充足但產能不足的工廠一樣。

以一部開了十多年的 TOYOTA CAMRY 來說，裡頭有一具 3000 c.c. 的 V6 引擎，意思是引擎裡頭有六個汽缸來驅動曲軸，每個氣缸 500 c.c.，總共 3000 c.c.，能燃燒的容量愈大，產生的動能也愈大。跑者的引擎不在我們認為最重要的那顆心臟，而是分布在肌肉裡的眾多粒線體上，心臟只是輸送血液的幫浦。肌肉裡的粒線體愈多，體能也愈好。

最大攝氧量的男子世界紀錄

　　最大攝氧量的世界紀錄保持人，之前一直都由越野滑雪選手保持，直到二〇一二年才被來自挪威的奧斯卡·斯文森（Oskar Svendsen）打破。他在當年最大攝氧量測試中（年僅十八歲），創下了驚人的 97.5（ml/kg/min）世界紀錄。世界知名的自行車選手，曾獲得七次環法冠軍的阿姆斯壯，也才 84.0。然而，並非最大攝氧量愈高（體能愈好）的選手，就必定能第一個進終點。若只有強大的體能而沒有肌力與技術，仍無法跑出好成績。

2. 不進實驗室也能得知自己的最大攝氧量

　　由於我們無法精確計算身體裡的粒線體數量，以及各個粒線體的產能效率，所以只能藉由計算它們每分鐘所消耗的最大氧氣量來評估它們的效能。在過去只能用專業的儀器來測量，但現在運動科學家們已經可以透過其他生理數據推算出最大攝氧量。以 Garmin 跑錶為例，只要你戴上心率帶慢跑 10 分鐘以上， 它就會利用你的配速、心率變異度與心率數據，透過 Firstbeat 的專利演算法，來估算出你的最大攝氧量。

　　目前 Garmin、Suunto、SamSung 等跑步穿戴裝置的科學化數據（包括最大攝氧量），都是利用 Firstbeat 所研發的演算法來推估，一般人要直接測最大攝氧量既麻煩又昂貴，更重要的是不夠即時，你無法在訓練時監控自己的攝氧量，所以他們是用心跳率（Heart Rate, HR）和心率變異度（HRV）兩個參數，與實驗所歸納出來的演算法來推算最大攝氧量。雖然是間接數據，但方便、便宜又即時，而且我們其實不需要知道每次最大攝氧量的實際值，了解比較值就可以了，也就是訓練一段時間後「數字是否有向上提升」（或是發懶停練後數字退步了多少）這件事比較重要，所以我們不用太在意最大攝氧量的實際值是多少，重點在於每次測量都是用同一套裝備、相同的機制（演算法）與流程跑出來的數值，實際上的絕對值多少並不重要，重要的是進步與否。

值得注意的是，若是跑在越野路線上，因為相對吃力，但跑錶不會知道你跑在什麼路面上，所以會以為你的最大攝氧量退步了。

令人嚮往的企業：Firstbeat

目前我們使用的跑錶是 Garmin Forerunner 920XT，每次訓練完都會顯示一些原本不太在意的分析數據，像是「恢復時間」、「消耗卡路里」（Energy Expenditure）、「訓練效果」與「預估最大攝氧量」（VO₂max Test），因為以為那些都只是隨意估算出來的數字，參考價值應該不大，但後來才知道這些分析數據的演算法都是由 Firstbeat 這家公司耗費極大的力氣研發出來的。只要你確實地設定個人基本資料，包括年齡、體重、身高、最大心率、安靜心率與心率區間，每次訓練完後錶上的這些分析數據就具有極高的參考價值，因為它是根據你過去的訓練數據所統計出來的結果。

早在九〇年代初期，Firstbeat 創始人之一的魯斯科教授（Professor Rusko），仕芬蘭的奧運研究中心，就致力於自主神經系統與運動員過度訓練的研究。他研究的目標是「量化」運動員的表現和恢復情況，用來量化的關鍵數據是「心率變異度」。這些 HRV 的研究後來也被用來評估非運動員的生理狀況和健康指標。

Firstbeat 成立於二〇〇二年，光是運動生理學、統計學與運動科技的專家以及運動員就聘任了四十多位，專業背景不只包括生理學和數學，還有行為研究專家，是一家專門分析運動生理數據的公司。他們以實用為目的，提供個人體能、壓力指數、睡眠狀況與恢復時間的科學評估。他們除了替 Garmin 處理訓練數據分析與體能評估，也同時提供數據服務給三星 Samsung 與 Suunto 的穿戴式裝置。他們的產品是把運動生理研究出來的結果轉換成「演算法」，這些演算法的原始資料（Raw Data）全都以心率數據為主，其中最重要的演算參數是心率函數（Heart Function）和心率變異度，這或許也是他們把公司取名為 Firstbeat 的理由。

他們所有的研究結果都是基於「科學」（主要是運動生理學與數學這兩種專業），而且數據都是從實驗室和田徑現場蒐集回來的。Firstbeat 所設計出來的演算法，已被國外數百個菁英運動團隊所採用，全世界的使用者已超過百萬。對於如此專業的運動生理學研究來說，能有這麼多的運動愛好者接受與利用這些量化數據來進行訓練，想見他們從專業學術研究「轉化」到一般人可以接受的這段過程，必然下了不少苦心。

在官網上他們說到：「我們的任務是提供有意義的運動生理資訊，以助於提升人們的健康與運動表現。」Firstbeat 是一家很特別的公司，如果有機會，樂於與他們有進一步的接觸或合作。

（註：Firstbeat 的官網：http://www.firstbeat.com/）

3. 如何用跑錶準確估算最大攝氧量？

　　圖表1·1是運動科學家透過實驗，找到不同強度下最大攝氧量的百分比（%VO₂max）、儲備心率百分比（%HRR）與最大心率百分比（%HRM）之間的對應關係。Firstbeat是使用最大心率法（Max Heart Rate, MHR），利用下表，只要知道目前的強度是最大心率的百分之幾，就能同時對應到最大攝氧量的百分比。

最大攝氧量 %	儲備心率 %	最大心率 %
50%	50%	66%
55%	55%	70%
60%	60%	74%
65%	65%	77%
70%	70%	81%
75%	75%	85%
80%	80%	**88%**
85%	85%	92%
90%	90%	96%
95%	95%	98%
100%	100%	100%

圖表1·1　不同強度下最大攝氧量的百分比、儲備心率百分比與最大心率百分比之間的對應關係。摘自美國體能與肌力協會（NSCA）第三版的教科書，原始研究資料來自Thomas R. Baechle, & Roger W. Earle (2008). "Essential of strength training and conditioning" 3rd edition., 493. National Strength and Conditioning Association(U.S.): Human Kinetics.，但我們相信Firstbeat應該有更詳盡的表格。

所以前提是跑者要知道自己實際的最大心率。以最大心率是190bpm 的跑者為例子，假如某次練長距離慢跑（LSD）時，心率都很穩定，平均是 167bpm，因此可得知最大心率是：

$167 \div 190 = 88\%$

透過圖表 1·1 可以對應出 88%MHR 的強度＝ 80% 最大攝氧量。

假設此次長跑訓練的平均攝氧量為 V，

最大攝氧量＝ V÷80%

因此只要知道此次訓練時的攝氧量「V」是多少，就能估算出這位跑者的最大攝氧量。「V」的推算方式是用配速。運動生理學家透過實驗可以找到攝氧量和配速之間的「普遍關係」，例如在 ACSM[1] 教科書中的回歸公式為[2]：

- 攝氧量「V」＝ 0.2× 速度 (m/min) ＋ 0.9× 速度 (m/min)× 坡度 (% grade) ＋ 3.5(mL/kg/min)。

- 如果跑者此次訓練都是平地上進行，平均速度為 12 (km/hr)，也就是每公里 5 分速（每分鐘 200 公尺）

套進回歸公式可得到攝氧量「V」＝ 0.2×200 (m/min) ＋ 3.5 (mL/kg/min) ＝ 43.5(mL/kg/min)

再代回公式，可得到最大攝氧量＝ 43.5÷80% ＝ 54.3 (mL/kg/min)

【注】1 ACSM 的全名是 American College of Sports Medicine，意指美國國家運動醫學學會。這是美國研究運動生理學的權威機構

2 Nicholas Ratamess 著；林嘉志總校閱：《ACSM 基礎肌力與體能訓練》，台北：藝軒，2014 年 12 月出版，頁 413

圖表1·2　如果你想用跑錶準確預估自己的最大攝氧量，需要確實在跑錶中設定好自己的性別、年齡、身高、體重，以及活動層級。

　　跑錶的最大攝氧量就是利用上述的邏輯推算出來的。當然，你可能也想到了，活動層級（Activity Class, AC）、性別、年齡、體重、身高不同的人，回歸公式應該也要不一樣才對，這就是 Firstbeat 研究的重點和價值所在，運算的公式會隨著上述的變因而微調。也就是說，如果你想用跑錶準確預估自己的最大攝氧量，需要確實在跑錶中設定好自己的性別、年齡、身高、體重以及活動層級。

　　確認活動層級的目的，是想知道你是否屬於訓練有素的跑者，評判標準是平均一個星期的訓練頻率或時數。

　　若沒有進行這項設定，跑錶中除了最大攝氧量的估測值會不準外，訓練效果與恢復時間也會有誤差。所以如果你很在意這三個數值的話，一定要依據自己的訓練狀況來設定。但我們認為活動層級這個數值，應

該是系統自動偵測使用者最近一個月的訓練時數後自動填入，再提醒使用者確認會比較方便，目前跑錶的設定位置都藏在太裡面，大部分的跑者應該都不知道活動層級的作用，更不知道要到哪裡設定。

4. 提升最大攝氧量的最佳方式為何？

　　從美國國家運動醫學學會的研究資料可知，一般甚少進行耐力訓練的人，最大攝氧量通常在 40 ml/kg/min 以下，但優秀長跑選手的最大攝氧量大都高於 70 ml/kg/min 以上。也就是說：一位六十五公斤的跑者，若想要參加亞奧運等級的 5000 公尺比賽，在競爭激烈的賽場上，身體如果每分鐘無法燃燒 4.55 公升（ 70×65 毫升）的氧氣，那就像把自家用車開上 F1 賽車場競賽一樣，駕駛的技術再好，都毫無競爭力可言。

　　那跑者要如何提升自己的最大攝氧量呢？首先要了解身體的攝氧能力可以分為「心肺端」與「肌肉端」。心肺端主要跟肺臟的大小以及氣體擴散交換的能力、心臟與血管功能（血液幫浦與運輸量的大小）與紅血球的攝氧能力有關，它們會影響引擎的進氣效率。肌肉端則跟肌肉裡的紅肌比例及微血管與粒線體的密度有關，影響的是引擎的燃氧效能。

入門跑者應先從低強度訓練開始

　　想要提升最大攝氧量就必須從這兩個管道下手，而且肌肉端的訓練必須比心肺端優先。你可以想像一下，如果引擎（粒線體）每分鐘最多只能燃燒 1000 公升的氧氣，你把進氣量從 1000 公升加大到 2000 公

升有沒有意義？當然沒有。所以有些跑者只練那種會喘到說不出話來的高強度訓練，不去加強肌肉端的用氧能力（LSD 的訓練目的），儘管心肺能力變好了，但最大攝氧量仍無法有效提升。

所以一開始提升最大攝氧量的方式，不是練那種跑到很喘的高強度間歇，而是先從長距離慢跑開始，尤其對剛開始接觸跑步的人來說，只要持續穩定慢跑一段時間，雖然沒有練到心肺能力，但肌肉端的有氧能力變好之後，最大攝氧量也會跟著進步。

強烈建議入門跑者不要一開始就練到氣喘如牛的高強度，這樣雖然也可以在短時間內進步得快，但基底沒打穩，退步也會很快，而且比較容易受傷。

對入門跑者來說，只要先用強度區間 1~3 來進行等速跑就會明顯進步[3]。有些剛開始練跑的朋友，會覺得慢跑時都不會喘，「這麼慢會有效果嗎？」然後就加快速度。由於過去的體育教育中常會指責「跑太慢的同學」，因此怕跑太慢這件事根深蒂固在我們的腦海裡，所以看過不少剛接觸跑步的人不自覺地加快腳步。許多入門跑者以為練跑就要「跑到喘」才是練習，但其實跑到喘跑到累，反而無法有效練到肌肉端的用氧能力。

剛開始練跑時「慢」才是重點，一開始要夠慢才會使跑步的樂趣產生，也才是愛上跑步的關鍵。因為慢跑或 LSD 可以訓練身體燃燒脂肪的能力，以及使大腦充滿更多的氧氣，這種訓練的刺激對提升肌肉端的用氧能力大有助益。開始慢跑後，一開始會進步很快，過了一段時間若錶上的最大攝氧量不再提升時，就表示你的有氧體能基礎已經建立得差不

【注】3 你可以在第 2 章〈訓練強度區間〉學會找到自己各級強度的方式。

多了，此時就可以開始提高到會喘的強度（強度區間 3 以上）。

長跑多年的跑者必須練高強度間歇才可能再進步

當肌肉端的有氧能力建立穩固之後，接下來要開始訓練心肺能力，最大攝氧量才能再往上提升。到了這個階段，訓練會相當辛苦，因為你必須把身體逼到用氧的極限，此時身心會抗拒你維持強度的意志；為了刺激身體的最大攝氧量，跑者必須在高強度下維持 2 分鐘以上才有效果。

若能每星期練兩次，每次間隔兩到三天，幾個星期後最大攝氧量就會進步，但進步的幅度不會很大。在第 2 章將會詳加說明如何找到自己的最大攝氧強度區間，之後如果跑者夠勤快與專注於此強度的訓練，不到半年，最大攝氧量很快就會來到上限。原因很單純，因為最大攝氧量受限於跑者心臟和肺部的大小。肺容量與心臟愈大的跑者，最大攝氧量通常會比別人高。

圖表 1‧3 是兩位跑者進行相同的課表，一月到四月先練低強度的長距離慢跑，五月休息停練，到了六月專注練高強度間歇，最大攝氧量持續往上爬升，但五個月後不管練得再辛苦，數值幾乎不再爬升了。

雖然最大攝氧量可以直接拿來當作判斷體能強弱的重要指標，但運動科學家已經發現，體能較強的跑者（也就是最大攝氧量比較高的跑者）不見得跑最快。除了跑步技術與肌力之外，另一項比較常被忽略的原因是：引擎效能。

我們以圖表 1‧3 中跑者 A 為例，他的體重為六十五公斤，最大攝氧量到了十月以後練到了 67.7 ml/kg/min，也就是說每分鐘他的身體最多可以消耗 4.4 公升的氧氣（67.7×65÷4400 毫升 =4.4 公升）。

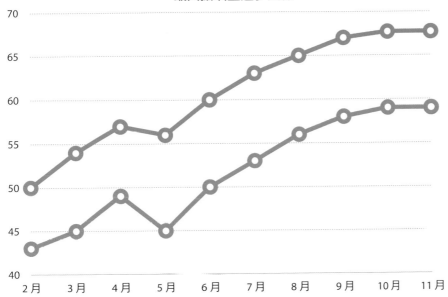

圖表1.3 經過幾個月的訓練後,最大攝氧量很快就會達到上限。跑者 A 的上限是 68,跑者 B 的上限是 59,此數值受限於生理上的限制,無法再透過訓練而提升。

消耗 1 公升的氧氣會產生 5 大卡的熱量,所以跑者 A 每分鐘最多可以消耗 22 大卡的熱量(4.4×5=22 大卡)。這 22 大卡,不是全部都能拿來當作跑步的動能,大部分會變成無用的體熱。

總代謝能量＝動能＋熱能

就像火力發電廠一樣,設備愈先進,把煤碳燃燒後轉換成電能的百分比就愈高。跑者的引擎效能愈高(動能 ÷ 總代謝能量),代表跑步的經濟性較好:

- 沒有經過耐力訓練的人,有氧代謝的引擎效能大約 17-18%。

- 曾接受過訓練的一般跑者大約 20%。
- 經長年訓練的菁英馬拉松選手可到 22-23%。

　　經研究顯示，有氧代謝的效能跟肌肉內的慢縮肌比例成正比，而訓練年數跟慢肌比例也成正比。以上述的例子而言，如果跑者的有氧代謝效能是 20%，身體每分鐘所生成的 22 大卡中，只有 4.4 大卡（22×20%）變成動能，其餘 17.6 大卡都變成熱能。

　　因此，就算最大攝氧量這個值已經不會再進步，繼續把強度拉到最大攝氧量來練還是會有效，效果就在提升跑步的經濟性，因此希望身體裡的引擎所代謝出來的能量，轉化為「動能」的比例能高於「熱能」，雖然只有差 2%（從 20% 到 22%），但這就是一般跑者和高手間的差距，這個差距可是要經過長年嚴謹地規律訓練才能達到。

訓練強度區間

【第 2 章】

學會用心率來定義訓練強度

如果你無法指出一份課表的訓練目的,它就不值得你練!有了目的,訓練才能「聚焦」,產生特定的效果。如果東練一點、西練一點,像沾醬油一樣,訓練效果就會打折扣,在體能訓練時要特地劃分訓練強度的目的正是為此。

若能針對特定的強度進行訓練,就能達到聚焦的效果,這被稱為訓練的「專一性」,意思很簡單,如果你一直練短跑,衝刺能力就會提升;一直練長跑,有氧耐力就會進步。本章將仔細介紹跑步的六種訓練強度,以及該怎麼找到適合自己的心率和配速區間。

1.

六種強度區間的訓練目的

強度 1 區：輕鬆跑（Easy zone，簡稱 E 強度）

　　快有快的目的，慢也有慢的目的。第 1 級的速度最慢，但也因為慢，才能達到快跑時所無法達到的效果：

- **避免運動傷害**。因為速度慢，每一步腳掌離地的高度比較低，所以身體落地的衝擊比較小，使你之後在比賽或進行較高強度的訓練時不容易受傷。
- **增加心臟收縮肌肉的力量**。經過研究，心臟在此強度區間時，搏動的力道剛好處於最大值，長久訓練下來就能提升每次心跳所輸出的血液量（心搏量增加），進而降低心臟跳動的頻率（心率）。
- **肌肉的用氧效率增加**。這是因為長期慢跑後，血液中的紅血球數量與有氧酵素濃度都會提升，而且肌肉端裡的微血管和粒線體也會增生，這些都是使身體攝氧量增加的重要因素。

前面已經提過粒線體的重要性，它可是跑者產生動能的主要來源。粒線體愈多，身體能用來跑步的能量就愈大。而且 E 強度的長距離慢跑是提升粒線體數量的最佳訓練方式。下面引用世界知名教練亞瑟‧利笛亞 (Arthur Lydiard) 在《跑向巔峰》(*Running To The Top*) 第三章中的一段文字：

> 瑞典運動生理學家撒丁 (Saltin) 的研究發現，瑞典選手的最大攝氧量落在 76~81(ml/min/kg)，而肯亞選手則介於 79 ～ 87(ml/min/kg)。肯亞選手整體的有氧能力只比瑞典選手高出一點點（約百分之三），有趣的是這兩國受試者的慢縮肌與快縮肌的比例相同，但撒丁在肯亞選手的肌肉中發現關鍵性的差異。肯亞選手的肌肉細胞中有較多的粒線體，而且在肌纖維旁布滿較多的微血管。瑞典跑者股四頭肌的細胞中有 4 到 5 個粒線體，但肯亞跑者卻有 7 到 8 個；同樣地，撒丁發現如果給那些世界上頂尖的滑雪選手更多的氧氣，他們就更能抵抗疲勞產生。在肯亞選手的肌肉細胞裡有較高濃度的酵素，那些酵素能夠分解脂肪，肌肉需要它們來進行有氧代謝[1]。

利笛亞教練得出的結論是：因為肯亞的小朋友在小時候每天要用雙腳移動到數十公里外的村莊去上學，還要幫忙到井裡打水和搬運農作物，所以從小就長期進行低強度的活動，使得他們下肢的肌肉布滿高密度的粒線體，所以肯亞的青少年跑者才開始練習沒多久，成績就突飛猛進。

【注】1 原文出自：Arthur Lydiard, "Running to the Top", 3rd Edition, Meyer & Meyer Sport (UK) Ltd. 2011. pp. 18-23.）

這一級強度的關鍵在「慢」，要記得在訓練 E 強度跑時千萬不要跑太快，過高的強度會讓身體長時間處於無氧狀態，快跑時很痛快，但那反而無法達到上述的訓練效果。

強度 2 區：馬拉松配速 (Marathon zone，簡稱 M 強度)

顧名思義，M 強度是指跑者在跑全程馬拉松時的平均配速，此速度比慢跑時快一點，又比參加 10 公里或半馬的速度慢。它的效果跟 E 是類似的，只是速度較快，因此它也是另一種 LSD 訓練時的強度選擇。在練 LSD 時，你可視當天情況在 E 和 M 之間選擇訓練強度。M 課表的訓練能達到下列效用：

- **模擬比賽強度**。藉由模擬馬拉松比賽強度，讓身心適應比賽配速，進而提高比賽的信心。

- **提升掌握配速（Running Pace, Pace）的能力**。在馬拉松賽剛開始時很容易跑太快，造成後面失速；另外有些人則會跑得太保守，快跑完了才發現還有很多體力。在比賽前多跑 M 配速能使你熟悉它的感覺，熟練的跑者甚至能不看錶就知道目前的配速。

- **訓練馬拉松比賽時的補給技巧**。因為跑馬拉松時一定要補給，不然身體會產生脫水或低血糖的症狀，所以建議在進行 M 強度長跑訓練時能同時進行補給，讓身體習慣在跑步時消化與吸收。在某些 E 強度的長跑訓練時，建議不要補充其他碳水化合物（醣類）或喝能量飲品，只要補充水和電解質即可，如此，可以訓練身體燃燒脂肪的能力。然而，在馬拉松比賽時，因為強度的提升，身體使用醣類的比例會增加，為了避免血糖過低，在比賽中能補充一些能量對成績是有幫助的，所以 M 強度長跑就是訓練補給的最好時機，讓身體習慣在 M 強度時能消

化、吸收，讓血糖維持穩定，但不管是什麼樣的練習都要記得適時補充水分。

強度 3 區：乳酸閾值強度 (Threshold zone，簡稱 T 強度)

人體在任何時刻都會因代謝而產生乳酸，運動時乳酸會增加，同時人體排除乳酸的速度也會加快，因而保持在動態平衡狀態；但當乳酸逐漸增大而排除機制無法跟上時，乳酸就會開始大量堆積，此臨界點即為「乳酸閾值」（Lactic Threshold, LT）。

也就是說，跑在 E/M 強度時，身體也會產生乳酸，只是量比較小，所以不會累積在身體裡。當你從 T 強度再加快，肌肉裡的乳酸濃度就會開始快速提高。充滿乳酸的肌肉無法正常收縮，所以自主神經系統為了保持運動能力，必須命令心臟加速跳動，使血液加速流動，才能快點把肌肉裡的乳酸帶到其肝臟與其他肌肉進行代謝。這即是跑者們常說的「排乳酸」。所以勤練 T 強度的跑者通常能達到下列的效果：

- **讓身體在更嚴苛的配速下維持更久的時間**。T 強度的移動速度稱為「臨界速度」，我們簡稱為 T 配速（下面會說明如何找到自己的 T 配速）。世界級的跑者在 T 配速下最多只能維持 60 分鐘，剛入門的跑者因為排乳酸能力不足，所以用 T 配速撐 10 分鐘左右就會超過臨界點。經過一段時間的 T 強度節奏跑訓練之後，排乳酸的機制變強，就能在臨界速度下維持更長的時間。
- **不容易掉速**。因為乳酸不易累積，所以能用同樣的速度，維持較長的時間。
- **速度變快**。因為「排乳酸」其實是把乳酸代謝成能量的過程，所以它反而可以創造更多動能，使你跑得更快。

小於強度 3 區的訓練是不太會喘的。過去在學校裡如果跑到臉不紅氣不喘，大都會被體育老師罵「跑太慢了吧！」怕跑太慢這件事根深蒂固在我們的腦海裡，所以我看過不少剛接觸跑步的人在潛意識裡都會不自覺地加快腳步。許多入門跑者會認為練跑就要「跑到喘」才覺得有練到，但跑到喘跑到累反而會使剛接觸的人產生排斥感。

　　剛開始練跑時「慢」才是重點，一開始要夠慢才會使跑步的樂趣產生，也才是會愛上跑步的關鍵。因為（E 強度）慢跑或 LSD 的主要目的之一，就是訓練身體燃燒脂肪的能力及使大腦充滿更多的氧氣，若強度拉太高就會產生大量的乳酸。一般人在安靜狀態下的血乳酸濃度是 1~2（毫莫耳），E 強度時乳酸濃度大都仍保持在 2（毫莫耳）以下，M 強度則會增高到 2~3（毫莫耳）；乳酸閾值是 4（毫莫耳）。經過研究，不少剛開始練跑的人，很容易跑不到 1 公里乳酸濃度就提高到 4，甚至 5（毫莫耳）以上，排乳酸能力不足是其中原因，但主因是「跑太快了」，儘管他們認為自己已經跑得非常慢，那只是他們跟別人比較之後的「慢」，跟他們自己當下的能力比，有些初學者的 E 配速（完全不喘、乳酸濃度在 2〔毫莫耳〕以下的速度），要到每公里 7 分速、8 分速，甚至從沒跑過步的高齡者，可以從 10 分速開始練習跑步（在日本把這種練法稱為「慢慢跑」）。

強度 4 區：無氧耐力區間（Anaerobic zone，簡稱 A 強度）

　　對於跑力 40 以下的人來說，此級強度就可以很有效的提高最大攝氧量，不用也不該去練第 5 級強度。

　　當跑者以 A 強度訓練時，不久就會超過乳酸閾值的臨界點，乳酸在

身體裡快速產生，但又不會像 I 強度一樣快速衰竭，所以在這個強度下能訓練到身體耐乳酸能力。但最主要的是 A 強度訓練有助於「提升有氧代謝的效能」，我們前面提過，粒線體在產生跑步能量的過程中也會產生熱能，熱能的比例愈低，表示有氧代謝的「效能」愈好，由於跑者在 A 強度下可以維持的時間會比 I 強度來得長很多，因此它對提升有氧代謝效能的幫助會比 I 強度好。拿汽車來比喻的話，有氧代謝效能高的引擎，同樣燃燒一公升的汽油，能減少廢熱的產生，跑出更遠的距離。

此外，A 強度還有下列兩項小功能：

● 能夠讓身體學會從爆乳酸恢復到有氧區間的能力。
● 可以當成 10 公里的比賽配速。

強度 5 區：最大攝氧強度 （Interval zone，簡稱 I 強度）

I 強度訓練的主要目的在於擴大有氧引擎的容量，把身體的有氧引擎催到最大馬力，逼出最大攝氧量。一般來說 I 強度一次最多只能維持 10~12 分鐘，因此在訓練時通常以間歇的方式進行，以達到更多的刺激效果。例如亞索八百（800 公尺間歇）八趟，代表每跑 800 公尺休息一次，而且每趟都要能維持相同的速度（每個人的速度都不同，下面會介紹如何找到自己的配速）。

在此訓練時乳酸已爆量累積在身體裡，身心處於極度痛苦的狀態，這種苦，也是鍛鍊意志力的最好時機。心志的強韌度是跑者能否「自勝」的關鍵，在練 I 強度時，會不斷有被折磨與撐不下去的感覺，但這些都是改造自我、變強與變得更好的必經之路，它是所有強度中最煎熬的強度（第六級強度因為時間很短，反而不會覺得太痛苦）。

在最大攝氧量所跑出的速度簡稱為I配速，這個速度愈快，代表你的「有氧實力」愈強，這個數值能夠衡量跑者的有氧實力。比如說，在實驗中最大攝氧量同是 60（毫升／分鐘／公斤）的跑者，有些人的速度特別快，為什麼呢？因為當跑者的「跑步效率」比較好時，就可以用相同的攝氧量跑出較快的速度，這在討論跑步技術指標的章節會詳細說明。

最大攝氧量愈高，有氧體能愈好，速度也愈快。但不用一昧地追求更高的數值，品質也很重要，高品質的訓練能墊高與拉抬你在各強度區間配速。我們用圖表2·1來說明：

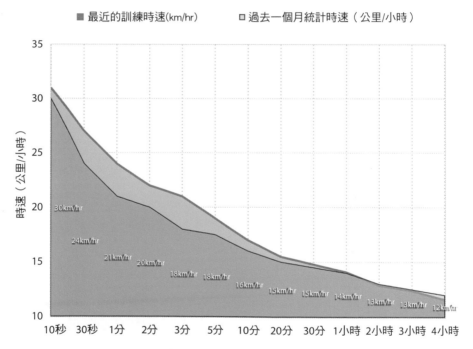

圖表2·1 某位跑者在特定時間內所能維持的最高速度，例如此跑者一個月前能以時速 20 公里維持 2 分鐘，一個月之後能提高到時速 22 公里。

這位跑者目前想專心練 5000 公尺，他想在下一場 5000 公尺的比賽中破自己的個人紀錄，他目前 5000 公尺的紀錄是 20 分鐘（時速 15km/hr，每公里 4 分鐘的配速）。最直覺的訓練方式是多練 15km/hr 以上的速度，讓身體習慣之後速度就變快了。沒錯，像上圖中的紅線，正是這位跑者練 5~6 級強度區間兩個月後的成果，10 分鐘以內的速度明顯提升了，5 公里也進步到 18 分半，但他 1 小時以上的速度並沒有太大的變化，甚至有些退步。因為沒有練有氧，自然會如此。雖然這兩個月辛苦的訓練有顯著的進步，可是之後不管練再多的高強度間歇，5 公里都一直停滯在 18 分 30 秒附近。

該怎麼練才會再進步呢？答案就在這張圖中，此時他應該把訓練的重點強度放在比 5 公里還慢的速度，也就是 E/M 強度區間。為什麼練較慢的速度反而會提升速度呢？這很像千斤頂的效果，當長距離的速度提升了，中短距離的速度也會被「墊上去」！

因此，我們想強調的是：著重於單一強度的練法在剛開始會有效果，但進步到一定的幅度之後就會停滯不前，最好的練法是「週期化」地更動訓練強度，這才是最有效的訓練方式，也比較不容易陷入訓練瓶頸。

強度 6 區：爆發力訓練區 （Repetition zone，簡稱 R 強度）

R 強度的訓練不用考慮心率，雖然速度比第 5 級強度快，但因為訓練時間很短，心率還在爬升時，跑步就結束了。它的訓練目的是：

● **訓練爆發力與最高速度**。它能鍛鍊無氧系統與刺激肌肉神經反射，所以練了之後步頻會變快，腳掌的觸地時間（Ground Contact Time, GCT）會縮短，進而提升跑步的經濟性。關於觸地時間的意義與重要

性，在第 7 章會有詳細的說明。

- **消除長跑課表的副作用**。E/M 強度的訓練有很多好處，但它會帶來「肌肉伸縮速度變慢」的副作用，所以建議在 E/M 課表結束後加入幾趟距離極短的 R 強度間歇，使得肌肉重新記起快速收縮的感覺。

強度區間	訓練目的	課表範例	自身感覺	比賽需求
Zone 1 E 強度	增強有氧能力，培養基礎體能	E 強度跑 1 小時	輕鬆，呼吸可以很自然，還可以很輕鬆地跟朋友聊天對話的速度 (Conversational Pace)。	超馬
Zone 2 M 強度	模擬比賽強度，習慣長距離比賽之配速	M 強度跑 30 分鐘	有些吃力，呼吸變深，但還不致於到喘氣的地步。你仍可維持一段相當長的時間，具體來說這個強度所能維持的最長時間是你目前跑 42.195 公里的成績。	全程馬拉松
Zone 3 T 強度	刺激乳酸閾值，強化排乳酸的能力	T 強度 5 分鐘四趟，每趟中間休息 1 分鐘	吃力，呼吸開始感到喘，此種訓練會帶來「痛快」(Comfortably Hard) 的感覺，具體來說是訓練時身體會因乳酸累積使肌肉感到脹痛，但練完後反而有種爽快的感受。	半程馬拉松
Zone 4 A 強度	提升無氧耐力，訓練耐乳酸能力	A 強度 5 分鐘四趟，每趟中間休息 3 分鐘	很吃力，呼吸沉重，但還可以控制節奏，跑完時會喘到說不出話來。	5 公里到10 公里
Zone 5 I 強度	刺激最大攝氧量，加強有氧容量	I 強度 800 公尺六趟，每趟中間休息 3 分鐘	非常吃力，每一趟到最後都會喘不過氣來，自身通常會認為無法持續到運動結束，這是五種訓練課表中痛苦指數最高的。	3 公里到5 公里
Zone 6 R 強度	加強運動經濟性、無氧能力	R 配速跑 15 秒六趟，每趟中間休息 1 分鐘	動作輕快，結束後會微喘，雖然速度最快，但訓練時程很短，練完不會感到太疲累。	100 公尺到800 公尺

圖表 2·2　強度區間總結表。六級強度區間的訓練目的、課表範例、自身感覺描述與目標賽事大要。

找到自己的心率區間

　　過去運動生理學家都是用最大攝氧量的百分比來定義不同的訓練強度，但是要測量最大攝氧量很麻煩，儘管現在已經有攜帶式的裝置可以邊跑邊測，但跑者還是不可能在每次訓練和比賽時，都戴著面罩來監控強度，所以心率變成一個相對客觀的指標。因為運動生理學家發現最大攝氧量的百分比跟儲備心率的百分比非常接近。

　　目前已經有一些人開始使用心率錶來訓練，但大部分的跑者還是只看錶面上顯示的每分鐘心跳數（beat per minute, bpm）。這個數值對跑者本身的意義並不大，就像你看錶上顯示 145 bpm（每分鐘心跳145 次）時，對於最大心率 200 bpm 的人來說，這個強度為最大心率的72.5%，還在非常有氧的區間，但對於最大心率 165 bpm 的人來說[2]，當心率達到 145 bpm 時已達最大心率的 88%，代表強度已經很強了！

　　如果你已經買了心跳錶，卻不知道自己的最大心率是多少，等於沒有善加利用心率這項功能。在訓練時對跑者有意義的並非心率數值，而是「心率區間」（Heart Rate Zone, HR Zone），如同上述提到每人的最

【注】2 最大心率的高低不代表跑者的強弱，因為有些奧運選手的最大心率也才 170，有些則高達210，但兩人的運動表現卻相差無幾。通常心臟比較大的人，最大心率比較低。

大心率不一定相同，因此我們要知道的是「目前的心率所對應的運動強度為何」。心率區間可由「最大心率法」或「儲備心率法」來計算。

　　所謂最大心率法，就是直接以最大心率的百分比來區分各強度的心率，比如說強度 1 區的心率（E 心率）是介於最大心率的 65%~79%。如果某位 A 跑者的最大心率是 200 bpm，那他的 E 心率即是 130~158 bpm。但用最大心率法會有問題，因為這種方法是假設沒運動時的安靜心率值是零，但這是一個不對的假設。

　　所以我們希望大家使用的是儲備心率法。儲備心率（Heart Rate Reserve, HRR）的意義，是「最大心率」減去人在安靜時的「最低心率」（安靜心率 [Reat Heart Rate, RHR]）。 用儲備心率法計算出來的心率區間比較準確，因為儲備心率法加入了安靜心率個人差異的考量。在購買心跳錶前最好先確認是否可以直接使用儲備心率法，有此項功能的心跳錶，只要輸入你檢測出來的最大心率、安靜心率與上述儲備心率的百分比後，手錶就會自動算出你的五級心率區間（強度 6 區不用考慮心率）。

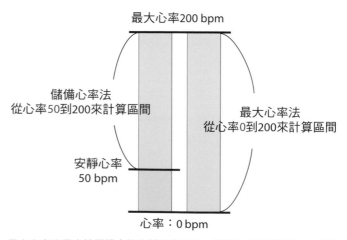

圖表 2‧3　最大心率法是直接假設人的安靜心率是零；儲備心率法把每個人安靜時的最低心率值考慮進去，因此計算出來的心率區間會比較準確。

為了要知道區間，我們必須先知道自己的最大心率與安靜心率，才能算出儲備值，接著才能用來定義心率區間，如此才能發揮出心率錶該有的功能。計算方式如下：

目標心率區間＝（最大心率－安靜心率）× 儲備心率 ％ ＋安靜心率

強度	儲備心率 ％
E 心率區：1.0~1.9	59-74%
M 心率區：2.0~2.9	74-84%
T 心率區：3.0~3.9	84-88%
A 心率區：4.0~4.9	88-95%
I 心率區：5.0~5.9	95-100%
R 強度：第 6 區	不考慮心率

圖表2‧4 六種訓練強度的儲備心率百分比。

訓練時，跑者根本不用在意現在的心率是多少，只要注意區間即可。以下圖的跑錶為例，若今天的訓練課表是強度 3 區的耐乳酸節奏跑，只要注意自己的心率區間一直維持在 3.0-3.9 就好了。

第一支心率錶的出現

一九七七年，芬蘭越野滑雪國家隊的教練賽伯（Seppo Säynäjäkangas），為了讓選手的訓練更具科學化，研發出歷史上第一支無線傳輸的心率監控裝置。他接著創辦了 Polar 公司，三年後申請了第一個無線心率量測的專利，到了一九八二年，Polar 發表了首款戴在手腕上、透過胸帶感測器來蒐集運動中心跳數據的心率錶，這是有史以來第一支穿戴式心率錶。從一九八三年以後，利用心率來監控訓練強度的方式，開始擴展到全世界各種耐力運動中。

圖表2‧5 重要的是下方的心率區間，而非上方的每分鐘心跳數。

3. 如何知道自己的 最大心率與安靜心率？

最大心率不能套公式，一定要實際量測

　　大部分的人會直接採用網路或書本上的公式來計算最大心率，但那「非常不妥」，原因在於公式計算出來的最大心率是某個特定族群的平均值（相同年齡、性別或體重的人），以最常見的「最大心率＝220－年齡」的公式來說，等於是假設相同年齡的最大心率都一樣，但你我都知道，同樣歲數的人，最大心率可能差很大，因此最大心率一定要實際量測，不能套公式。就算是教科書上的公式也不建議使用，公式只是呈現實驗後所歸納出來的結果，並無法做到個人化。

　　那該怎麼測呢？實際下去跑！

　　有三種方法，我認為最佳的方式，是在約 400 公尺的陡坡（5%）上進行，若住家附近找不到這樣的坡，可以改在操場和跑步機上測。下面是參考了許多檢測方式後所擬定的 SOP，這是經過多次實驗後所修正的版本，供大家參考：

陡坡版

　　先戴上心率錶慢跑暖身十分鐘後，手摸脈搏（量 10 秒後乘以 6 倍）來確認心率錶上的數值跟實際的心率是否相符。

　　第一趟：用自覺的八成力去跑完第一趟的 400 公尺陡坡，到坡頂後查看心跳數。完成慢跑下坡，在坡底休息 3 分鐘，接著跑第二趟。

　　第二趟：用自覺九成力衝上坡（不要用全力），到坡頂後一樣記得查看心跳數。完成慢跑下坡，休息 3 分鐘。

　　第三趟：用自覺十成力衝上坡（全力以赴），此時會得到一組最高的心率數值。假設跑者 A 第三趟跑出的心率是 190 bpm，但還沒結束，接下來他要告訴自己：「第四趟要比前　趟的心率再多一下，所以目標是 191 bpm」。第三趟之後到坡底的休息時間延長為 5 分鐘。

　　第四趟：跑第四趟的用意是要確保心率是不是已經到達極限。如果第四趟測到更高的數值，就要依前一個步驟再跑一趟，直到再也跑不出比前一趟更高的心率為止，這樣量測到的才會是最大心率。

　　也就是說：「最大心率會出現在倒數第二趟。」可掃描以下 QRcode，參看最大心率測試──上坡版教學影片。

400 公尺操場版

　　這個版本，適合第一次測試的人，當進行以下流程跑到其中一個 800 的最後 400 公尺，而無法維持在設定的配速區間內時，仍要盡全力跑完這一趟，接著就直接跳到最後的休息，最後看手錶記錄到的最高心率值為何：

- 暖身：第一個 800 公尺，配速 6:30~6:00
- 第二個 800 公尺，配速 6:00~5:30

- 休息慢跑 400 公尺，心率維持在 130~155
- 第三個 800 公尺，配速 5:30~5:00
- 休息慢跑 400 公尺，心率維持在 130~155
- 第四個 800 公尺，配速 5:00~4:30
- 休息慢跑 400 公尺，心率維持在 130~155
- 第五個 800 公尺，配速 4:30~4:00
- 休息慢跑 400 公尺，心率維持在 130~155
- 第六個 800 公尺，配速 4:00~3:30
- 休息慢跑 400 公尺，心率維持在 130~155
- 第七個 800 公尺，配速 3:30~3:00
- 休息慢跑 400 公尺，心率維持在 130~155
- 第八個 800 公尺，配速 3:00~2:30
- 休息慢跑：慢跑 800 公尺，心率低於 155 即可

（很少有人可以跑到第八個，通常在第五到六個 800 公尺就會結束。）

跑步機版

- 先找出自己處於第 3 區的速度（T 配速），可以利用區間配速表（第 56 頁）或上網搜尋「耐力網」，使用站內的能力檢測功能，輸入自己的最佳成績，按檢測，右下角的 T 配速即為你的臨界速度（點選「時速」可以切換成跑步機常用的速度單位）。例如：10KM 最佳成績為 50 分，輸入耐力網後可得知 T 配速為 11.8 km/hr。
- 先確認心率監測器正常運作，戴上心率錶，試跑 1 分鐘後，按脈搏算 10 秒的心跳數再乘以 6，看是否跟心跳監測器讀到的心率一樣。
- 接著以自己熟悉的配速在跑步機上面熱身 10 分鐘，開始時會以 T 配速（以上述為例即是 11.8 km/hr）進行檢測。

● 之後 2 分時會上升 1% 坡度，重複這個循環，如果身體感到完全無力時，請努力撐完最後 30 秒，結束後就可以檢測到受試者的最大心率。

　　不管是使用哪一種方式，檢測時建議帶自己平常訓練和比賽中常用的心跳錶，如此才會符合你平常訓練的需求。

安靜心率的檢測方式

　　測量方式十分簡單，只要選一天睡眠充足的早晨，起床後坐起來套上心率帶（若你使用的是手腕式心率錶當然就略過這個動作），保持直立坐姿靜止 1 分鐘，1 分鐘後跑錶上所出現的心跳數值，就是所謂的安靜心率。

　　一般未經訓練的成年人其安靜心率大多介於每分鐘 65~80 bpm，但通常只要經過數個月的耐力訓練後就會下降，原因是久經訓練的心肌較強壯，所以每次跳動所輸出的血液量增加了。人體在靜止的情況下，每分鐘從心臟輸出的血液量大約介於 4.8~6.4 公升之間，訓練有素的跑者由於心肌較強，所以心率自然會比一般人低。

　　對菁英跑者來說，他們也需要如此強壯的心臟才行，一般人在最高強度的運動時，心臟每分鐘只能輸出 14~20 公升的血液，但菁英選手在高強度的賽事中，心臟需要每分鐘輸出 40 公升，為了輸出如此多的血液來供應肌肉足夠的氧氣，心肌因而被迫適應而變強。

4. 胸帶式 vs 光學式心率錶：
前者準確，後者舒服

　　傳統胸帶式心率錶主要是藉由胸帶上的兩片電極，偵測心肌電位的變化速率而得知心率，除了手上戴著心率錶，還要在胸口再綁上一條胸帶（心率帶），它是負責蒐集並把數據傳輸到跑錶上紀錄下來。原本心率帶最為人詬病的易滑、電力不足、不舒適、易摩擦等問題，經過這三十年來的演進已一一解決，到現在甚至可以偵測到水中的心率。

　　由於心跳帶兩側的電極會偵測心臟搏動所產生的微量電流，藉由心臟搏動所產生的電流變化來演算心率。但也正因為電流很微小，因此很容易受到各種電波干擾，最常見的干擾因素是靜電、導電不良或是胸帶電極與皮膚位移摩擦導致的噪音訊號。前兩個因素的改善方式比較簡單，在胸帶的電極上沾水即可，為了方便，常直接用手把口水抹在電極片上。至於摩擦問題，只要把胸帶調緊一點就可解決。

　　近年來許多品牌大廠紛紛推出不需要戴胸帶的光學式心率錶，類型愈來愈多，目前以戴在手腕上直接偵測手腕血液流量變化的型號為主流。能夠少去胸口的負擔，的確讓許多跑者大聲叫好，但因為先天上各種因素的限制，它的即時性還是不如胸帶式的好。原因是光學式是偵測手腕上的血流量變化，當強度提升時心率會比較快提高，手腕上的血流

變化會延遲，意思是當你加速時，光學式的心率錶反應會相對慢一些。

光學式心率錶如何運作

人的血液呈現紅色，是因為除了紅光外，血液會吸收其他顏色的光，所以只把紅光向外反射，當光學式心率錶下方的 LED 發射光線時，綠光會被血紅素吸收，血流愈快它被吸收的比例就愈高，沒被吸收的光就會反射回來，錶內的光源感測器就是藉由減少的光源來推算血流的變化，再透過血流變化來估算心跳率。

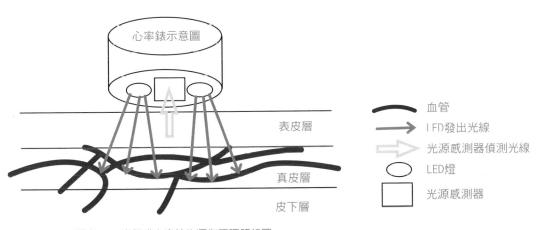

圖表2·6 光學式心率錶的運作原理解析圖。

由此可知，錶要一直發光，所以相當耗電，而且如果使用者的皮膚上有刺青、膚色過黑、外界的陽光太強或是皮膚上有汗水，都可能造成誤差。現在有不少品牌已經透過工程的方式，盡量排除汗水和陽光的干擾，也增加了電量，延長單次充電的使用時間。

但刺青和膚色過黑時就很難靠工程來解決，因為膚色過黑時，光會被額外吸收，造成錶內演算法的錯估。膚色愈黑，錯估愈嚴重。蘋果公司發行的 Apple Watch，就發生有人手腕有刺青或是膚色過黑，造成測出來的數據失準。

因為傳統式胸帶是直接量測心臟跳動的頻率，而手腕式是用手腕上的血流量來推估，當心率提升時，手腕上的血流量會延遲幾秒才變快，因此比較專業的跑者在使用這類錶時會覺得它反應很慢，時常會有「怎麼我都已經加速了，心率還是一樣」的抱怨。

圖表2·7　現在的心率帶已經製作得很舒適，開跑後不久就會逐漸忽視它的存在。

因此，許多跑者還是會選擇配戴傳統胸式心率帶的原因，就是它的確比光學式偵測來得精準，反應速度也比較快。

胸式心率帶的確比較不舒服，目前在網路上已可買到把心率帶與跑衣整合在一起的產品，可以讓跑者感覺不到它的存在。

5.

找到自己的配速區間

　　心率是個很棒的指標，它可以客觀衡量你的費力程度，但心率有個缺點，例如某位跑者帶著心錶以 100 公尺/15 秒的速度全力衝刺 40 公尺，跑完只要花 6 秒左右。在這 6 秒間他的心率變化並不大，等跑完後過了幾秒心率才會明顯上升。原因在於人體的生理機制會因為跑步速度上升，而輸出更多血量，帶給身體更多氧氣，以繼續維持運動，但心率變化過程需要一些時間，因此心率在反應強度上並不即時，必然會有所延遲。

　　因此「平常訓練時該看配速還是看心率呢？」我們會建議在練長跑與節奏跑這類強度穩定的課表時看心率，但間歇課表就比較不適合用心率監控強度，因為在間歇的前兩分鐘心率還在爬升，若跑者看心率來監控強度就會不自覺去「追心率」，導致前幾趟跑太快。所以只要是間歇訓練，建議以配速區間為準。

　　如何找到自己各級強度的配速呢？方法非常多，下面將分享這些年來我們的研究心得：

用 T 心率來找到自己的六級配速

　　前面我們提過跑力是綜合型指標，可以代表你的「跑步實力」，但

要知道跑力需要在比賽或測驗中盡全力跑出當前的最佳成績，而最佳成績並非隨時都跑得出來，需減量訓練，使身心有時間恢復到巔峰狀態，如此測出來的跑力才會準。

如果不想參加比賽，也不想跑到衰竭，是否有其他方法可以找到自己的跑力呢？

有的，而且這種方式比用成績來換算跑力的準確度更好。因為跑力表是假設每位跑者都能在某個距離內全力跑出最短時間，但有許多跑者不知如何分配體力，常常因為配速不佳，實力無法發揮而跑出較差的成績，造成跑力低估。

所以我們介紹另一種尋找自己跑力與六級配速的方式：

1. 首先確認自己的 T 心率（前面有教大家檢測最大心率和安靜心率後，即可求得）。
2. 熱身跑 10 分鐘，最後 3 分鐘，心率區間要接近 3.0（T 心率下限）。
3. 接著直接用 T 心率區間（3.0~3.9）跑 20 分鐘（可在跑錶上預先設定 T 心率的警示區間）。
4. 找出最後 20 分鐘的平均配速，此配速即為你的 T 配速。
5. 確定 T 配速後即可利用下一節的表格來找到跑力和各強度的配速區間。

配速區間表

過去我們很喜歡用丹尼爾博士的跑力表來找到自己（或學員）的配速，但他的跑力表只有固定配速，比較難實際操作，我們調整後製作了下列配速區間表給大家參考：

圖表2‧8 各級跑力的配速區間表。

檢測出的 T 配速 (/Km)	跑力	強度 1 區 E 配速區間 (/Km)	強度 2 區 M 配速區間 (/Km)	強度 3 區 T 配速區間 (/Km)	強度 4 區 A 配速區間 (/Km)	強度 5 區 I 配速區間 (/Km)	強度 6 區 R 配速區間 (/Km)
8:41	20	11:25~10:17	10:17~9:34	9:34~8:41	8:41~8:25	8:25~8:05	快於 8:05
8:23	21	11:04~9:58	9:58~9:16	9:16~8:23	8:23~8:05	8:05~7:45	快於 7:45
8:06	22	10:46~9:41	9:41~8:59	8:59~8:06	8:06~7:50	7:50~7:30	快於 7:30
7:50	23	10:25~9:23	9:23~8:43	8:43~7:50	7:50~7:35	7:35~7:15	快於 7:15
7:35	24	10:00~8:59	8:59~8:26	8:26~7:35	7:35~7:20	7:20~7:00	快於 7:00
7:21	25	9:43~8:43	8:43~8:10	8:10~7:21	7:21~7:05	7:05~6:45	快於 6:45
7:09	26	9:29~8:26	8:26~7:56	7:56~7:09	7:09~6:55	6:55~6:35	快於 6:35
6:56	27	9:02~8:10	8:10~7:41	7:41~6:56	6:56~6:35	6:35~6:15	快於 6:15
6:45	28	8:46~7:56	7:56~7:27	7:27~6:45	6:45~6:30	6:30~6:05	快於 6:05
6:34	29	8:31~7:41	7:41~7:15	7:15~6:34	6:34~6:15	6:15~5:50	快於 5:50
6:24	30	8:14~7:27	7:27~7:03	7:03~6:24	6:24~6:00	6:00~5:35	快於 5:35
6:14	31	8:02~7:16	7:16~6:52	6:52~6:14	6:14~5:48	5:48~5:25	快於 5:25
6:05	32	7:52~7:05	7:05~6:40	6:40~6:05	6:05~5:40	5:40~5:15	快於 5:15
5:56	33	7:41~6:55	6:55~6:30	6:30~5:56	5:56~5:33	5:33~5:05	快於 5:05
5:48	34	7:31~6:45	6:45~6:20	6:20~5:48	5:48~5:25	5:25~5:00	快於 5:00
5:40	35	7:21~6:36	6:36~6:10	6:10~5:40	5:40~5:18	5:18~4:50	快於 4:50
5:33	36	7:11~6:27	6:27~6:01	6:01~5:33	5:33~5:08	5:08~4:45	快於 4:45
5:26	37	7:02~6:19	6:19~5:53	5:53~5:26	5:26~5:00	5:00~4:35	快於 4:35
5:19	38	6:54~6:11	6:11~5:45	5:45~5:19	5:19~4:54	4:54~4:30	快於 4:30
5:12	39	6:46~6:03	6:03~5:37	5:37~5:12	5:12~4:48	4:48~4:25	快於 4:25
5:06	40	6:38~5:56	5:56~5:29	5:29~5:06	5:06~4:42	4:42~4:20	快於 4:20
5:00	41	6:31~5:49	5:49~5:22	5:22~5:00	5:00~4:36	4:36~4:15	快於 4:15

檢測出的 T 配速 (/Km)	跑力	強度 1 區 E 配速區間 (/Km)	強度 2 區 M 配速區間 (/Km)	強度 3 區 T 配速區間 (/Km)	強度 4 區 A 配速區間 (/Km)	強度 5 區 I 配速區間 (/Km)	強度 6 區 R 配速區間 (/Km)
4:54	42	6:23~5:42	5:42~5:16	5:16~4:54	4:54~4:31	4:31~4:10	快於 4:10
4:49	43	6:16~5:35	5:35~5:09	5:09~4:49	4:49~4:26	4:26~4:05	快於 4:05
4:43	44	6:10~5:29	5:29~5:03	5:03~4:43	4:43~4:21	4:21~4:00	快於 4:00
4:38	45	6:03~5:23	5:23~4:57	4:57~4:38	4:38~4:16	4:16~3:55	快於 3:55
4:33	46	5:57~5:17	5:17~4:51	4:51~4:33	4:33~4:12	4:12~3:50	快於 3:50
4:29	47	5:51~5:12	5:12~4:46	4:46~4:29	4:29~4:07	4:07~3:45	快於 3:45
4:24	48	5:45~5:07	5:07~4:41	4:41~4:24	4:24~4:03	4:03~3:40	快於 3:40
4:20	49	5:40~5:01	5:01~4:36	4:36~4:20	4:20~3:59	3:59~3:40	快於 3:40
4:15	50	5:34~4:56	4:56~4:31	4:31~4:15	4:15~3:55	3:55~3:35	快於 3:35
4:11	51	5:29~4:52	4:52~4:27	4:27~4:11	4:11~3:51	3:51~3:35	快於 3:35
4:07	52	5:24~4:47	4:47~4:22	4:22~4:07	4:07~3:48	3:48~3:30	快於 3:30
4:04	53	5:19~4:43	4:43~4:18	4:18~4:04	4:04~3:44	3:44~3:30	快於 3:30
4:00	54	5:14~4:38	4:38~4:14	4:14~4:00	4:00~3:41	3:41~3:25	快於 3:25
3:56	55	5:10~4:34	4:34~4:10	4:10~3:56	3:56~3:37	3:37~3:20	快於 3:20
3:53	56	5:05~4:30	4:30~4:06	4:06~3:53	3:53~3:34	3:34~3:20	快於 3:20
3:50	57	5:01~4:26	4:26~4:03	4:03~3:50	3:50~3:31	3:31~3:15	快於 3:15
3:46	58	4:57~4:22	4:22~3:59	3:59~3:46	3:46~3:28	3:28~3:10	快於 3:10
3:43	59	4:53~4:19	4:19~3:56	3:56~3:43	3:43~3:25	3:25~3:10	快於 3:10
3:40	60	4:49~4:15	4:15~3:52	3:52~3:40	3:40~3:23	3:23~3:05	快於 3:05
3:37	61	4:45~4:11	4:11~3:49	3:49~3:37	3:37~3:20	3:20~3:05	快於 3:05
3:34	62	4:41~4:08	4:08~3:46	3:46~3:34	3:34~3:17	3:17~3:00	快於 3:00
3:32	63	4:38~4:05	4:05~3:43	3:43~3:32	3:32~3:15	3:15~3:00	快於 3:00

檢測出的 T 配速 (/Km)	跑力	強度 1 區 E 配速區間 (/Km)	強度 2 區 M 配速區間 (/Km)	強度 3 區 T 配速區間 (/Km)	強度 4 區 A 配速區間 (/Km)	強度 5 區 I 配速區間 (/Km)	強度 6 區 R 配速區間 (/Km)
3:29	64	4:34~4:02	4:02~3:40	3:40~3:29	3:29~3:12	3:12~2:55	快於 2:55
3:26	65	4:31~3:59	3:59~3:37	3:37~3:26	3:26~3:10	3:10~2:55	快於 2:55
3:24	66	4:28~3:56	3:56~3:34	3:34~3:24	3:24~3:08	3:08~2:50	快於 2:50
3:21	67	4:24~3:53	3:53~3:31	3:31~3:21	3:21~3:05	3:05~2:50	快於 2:50
3:19	68	4:21~3:50	3:50~3:29	3:29~3:19	3:19~3:03	3:03~2:45	快於 2:45
3:16	69	4:18~3:47	3:47~3:26	3:26~3:16	3:16~3:01	3:01~2:45	快於 2:45
3:14	70	4:15~3:44	3:44~3:24	3:24~3:14	3:14~2:59	2:59~2:40	快於 2:40
3:12	71	4:12~3:42	3:42~3:21	3:21~3:12	3:12~2:57	2:57~2:40	快於 2:40
3:10	72	4:00~3:40	3:40~3:19	3:19~3:10	3:10~2:55	2:55~2:35	快於 2:35
3:08	73	4:07~3:37	3:37~3:16	3:16~3:08	3:08~2:53	2:53~2:35	快於 2:35
3:06	74	4:04~3:34	3:34~3:14	3:14~3:06	3:06~2:51	2:51~2:35	快於 2:35
3:04	75	4:01~3:32	3:32~3:12	3:12~3:04	3:04~2:49	2:49~2:30	快於 2:30
3:02	76	3:58~3:30	3:30~3:10	3:10~3:02	3:02~2:48	2:48~2:30	快於 2:30
3:00	77	3:56~3:28	3:28~3:08	3:08~3:00	3:00~2:46	2:46~2:25	快於 2:25
2:58	78	3:53~3:25	3:25~3:06	3:06~2:58	2:58~2:44	2:44~2:25	快於 2:25
2:56	79	3:51~3:23	3:23~3:03	3:03~2:56	2:56~2:42	2:42~2:25	快於 2:25
2:54	80	3:49~3:21	3:21~3:01	3:01~2:54	2:54~2:41	2:41~2:25	快於 2:25
2:53	81	3:46~3:19	3:19~3:00	3:00~2:53	2:53~2:39	2:39~2:20	快於 2:20
2:51	82	3:44~3:17	3:17~2:58	2:58~2:51	2:51~2:38	2:38~2:20	快於 2:20
2:49	83	3:42~3:15	3:15~2:56	2:56~2:49	2:49~2:36	2:36~2:20	快於 2:20
2:48	84	3:40~3:13	3:13~2:54	2:54~2:48	2:48~2:35	2:35~2:15	快於 2:15
2:46	85	3:38~3:11	3:11~2:52	2:52~2:46	2:46~2:33	2:33~2:15	快於 2:15

假設你以 T 心率跑 15 ～ 20 分鐘的平均配速是 4:00/km，這即是你的
T 配速，接著利用上表就可以找出你目前的跑力為 54，各級配速分別為：

檢測出的 T 配速 (/Km)	跑力	強度 1 區 E 配速區間 (/Km)	強度 2 區 M 配速區間 (/Km)	強度 3 區 T 配速區間 (/Km)	強度 4 區 A 配速區間 (/Km)	強度 5 區 I 配速區間 (/Km)	強度 6 區 R 配速區間 (/Km)
4:00	54	5:14~4:38	4:38~4:14	4:14~4:00	4:00~3:41	3:41~3:25	快於 3:25

這個表格已內建到 RunningQuotient 上，只要你戴著心率錶訓練，回
家上傳數據之後（或設定好 wifi 跑錶會自動上傳），這個網站會即時幫
你找出最近一個月的最佳六級配速區間。

你也可以利用跑錶來找到自己的 T 配速（臨界配速）

　　找到自己的 T 心率是一件很重要的事，因為它就像是有氧和無氧
的分水嶺，比它低時身體主要以有氧代謝為主，比它高時就改變成
以無氧代謝為主，你現在想練什麼能力就可以利用監控心率來判
斷。我們多次試驗後發現，用跑錶測出來的 T 心率和 T 配速跟上述
的方法很接近。如果你有這類跑錶，也可以直接使用它所檢測出來
的數值。

圖表 2 · 9
現在有些跑錶已經可以自動
找出你的 T 心率與 T 配速，
像是 Garmin 735 所測出來
的數值就相當準確。

6. 確認各跑步強度區間的訓練時數與進步幅度

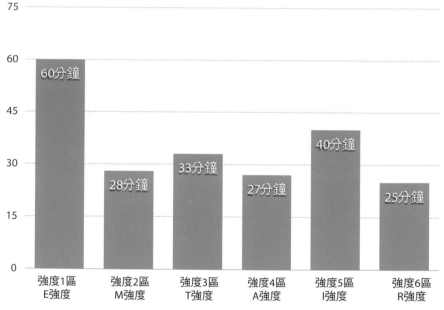

■ 各區間的訓練時數（分鐘）（一整個月）

圖表2·10　某跑者在一個月內在各強度區間的訓練時間統計（範例一）。

　　圖表2·10 的直條圖是指某位跑者一個月內在各區間所累計的訓練時間（分鐘），很明顯可以看出，他在這個月花了較多的時間在練 1 區，其他區的訓練的時數就很平均。這種看似公平的訓練方式反而不好，因

為身體會不知道該恢復哪一種能力才好。

　　身體雖然很複雜，但進步的機制其實很單純，變強是發生在休息與恢復的時候，你在練跑時刺激哪一個強度區間比較頻繁，身體在該強度的「能力」就會因適應而變強。這有點像是身體內部的「微演化」過程。DNA 並非靜止的分子，無法在一個人的成長與行為中保持恆久固定。這些遺傳因子不僅會在我們的人生過程中不斷變化，我們甚至還能直接影響它們。一個人做的、吃的、經歷的，都會反映在他的 DNA 上。生物學家基恩・羅賓遜（Gene Robinson）表示：「人的一生中，基因一直高度敏感地反應所有可能的外部影響。」

　　以一位正專心準備半馬的跑者來說，他最重要的強度是 3 區的 T 強度。圖表2·11 是他在比賽前倒數第二個月各訓練強度區間的累計時數：

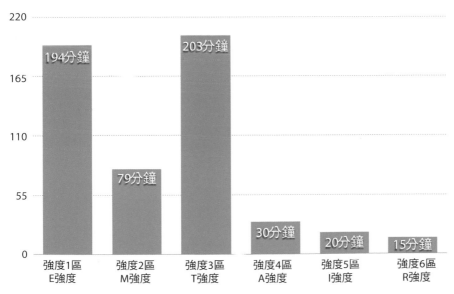

圖表2·11　某跑者一個月內在各強度區間的訓練時間統計（範例二）。

不能只練某兩個區間，而其他區間幾乎不練，這樣該區間的能力會退化，但也不用練太多，只要讓身體記得，保持原有的能力即可。

　　訓練有專一性，那 E 強度練太多會影響其他強度課表的效益嗎？其他區比較會互相搶奪恢復的資源，但 1 區因為強度低，所以比較不會。E 強度課表是像是米飯似的食材，不管主菜是什麼，E 都要占一定的量，而且因為強度最低（最平淡無味），所以並不會搶走其他主菜的風味（訓練效果）。除非你扒了好幾碗飯（一星期練了數十小時的 LSD），肚子撐到吃不下其他東西，那就另當別論了。

確認各強度區間的進步幅度

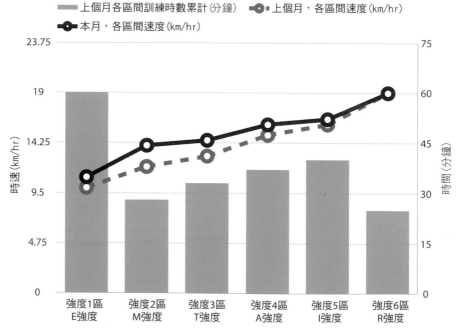

圖表2·12　某跑者一個月內在各強度區間的訓練時間與配速之間的關係，我們可以從圖中看到他在強度 2~3 區的進步幅度最明顯。

最扎實的進步是「在相同的心率區間內跑出更快的速度」，這可以從上圖看出來，第 1 ～ 4 區的速度明顯進步了，進步幅度最大的是在強度 2 區。

　　這種進步形態對馬拉松跑者來說是好消息，但對百米或 400 米的選手來說，練了那麼多高強度訓練，短距離的成績都沒有進步，如同宣告訓練方式有問題，所以必須調整訓練方向。

【第3章】訓練量與狀況指數

【第3章】

學習避免過度訓練,並在賽前調整到最佳狀態

因過度訓練、太疲勞而生病或受傷,一直是所有挑戰 PB 的跑者們所要克服的問題。但要進步就需要吃苦,就算不想練也要規律地把課表吞進去,這是每位出色跑者的必經之路。

吃苦與過度訓練常是一線之隔,過去跑者只能憑感覺:「ㄟ~好像練太操了!」然後再來休息或縮減訓練量。事實上,當跑者感覺疲勞與狀況變差時已經太遲了,此時跑者已跨過正常訓練刺激的界線,跑到最外圈的過度訓練區去了,必須花更長的時間才能再恢復到原本的實力。本章將教大家怎麼用量化的方式來定義自己的舒適圈、正常訓練區和過度訓練區。

1. 訓練量有助你
看清過去的訓練重點

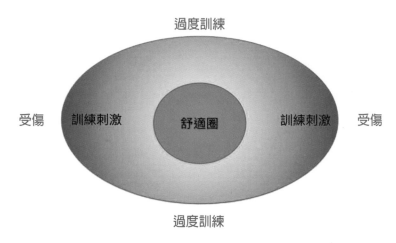

圖表3.1 訓練，是一種跨出舒適圈的行動，但跨得太遠就會造成過度訓練或運動傷害。

　　訓練，是一種跨出舒適圈的行動。跑者們藉由跑步這種行為，離開舒服的沙發或溫暖的家，跨到「不舒服」的強度與環境中，藉由這樣的刺激，使身體適應，然後變強！

　　變強，有兩個階段，首先使身體能承受的刺激範圍加大；在這一階段不該進步太快，若太常跨到身體可以承受的刺激範圍之外，就很容易

訓練過度、生病或受傷。所以一開始要小心謹慎地，稍微往舒適圈外跨「一點」就好，如此只要動用較少的意志力，所以比較容易持續，習慣才能養成。

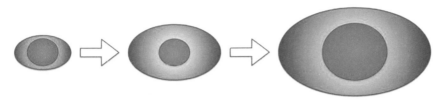

圖表3‧2　一開始的訓練刺激區會很小，代表你很容易不小心就跨太遠造成過度訓練，必須小心謹慎，等訓練刺激區擴大後，舒適圈也會跟著擴大。

當習慣成形後，身體已經適應，可以承受的訓練刺激範圍也擴大了。接著，進入第二階段，舒適圈會開始擴大（圖中的綠色圈圈變大），過去每公里 6 分速就覺得不適，現在可能 5 分速還覺得舒服。

當舒適圈擴大後，不能一直待在裡面，要再朝更外面跨出去。雖然 5 分速對很多人來說已經是相當厲害了，但這不是跟別人比，而是自己覺得舒服就是舒適圈，贏別人沒有意義（這也是耐力競賽運動最特殊的本質），要敢於跨出去挑戰新的刺激才能持續變強。跑者，是一再與想要安於舒適的自己對抗的鬥士。

所以真正的鬥士是不斷挑戰自己舒適圈邊界的跑者。不管別人的實力或外面環境如何變化，不要總是待在習慣與舒服的環境與強度裡，要不斷勇於挑戰不適，向前邁進。但要如何避免跨過界，導致過度訓練或運動傷害，則有賴鬥士的智慧。要做到這件事，首先要把「訓練量」定義出來。

大部分的跑者都會以「里程數」或「訓練時數」來當作訓練量的指

標，但這樣會有問題，因為這週練跑 8 小時不見得比上週練跑 10 小時還輕鬆，因為如果這週有 4 小時是在全力參加比賽的話，那本週的「分量」可就重得多了！

拿配速與里程數來比也會有一些問題，比如說奧運級的選手跟一般跑者在某次訓練都用每公里 5 分速跑了 21 公里，配速一樣，里程數也一樣，對奧運選手來說，這樣的訓練相當輕鬆，但對一般跑者的身體將帶來極大的負荷。

從上面兩個例子可以發現計算「訓練量」有兩個關鍵變數，不是距離，而是「訓練強度」與「訓練時間」。下面直接替不同的訓練強度定義一個權重值（下面在解說訓練量的來由時會加入心率區間的詳盡版本），就能進行計算與比較。這裡的比較不是跟其他跑者，而是跟過去的自己比。

	第 1 級強度 輕鬆跑	第 2 級強度 馬拉松配速	第 3 級強度 乳酸閾值	第 4 級強度 無氧耐力	第 5 級強度 最大攝氧	第 6 級強度 無氧爆發力
強度權重值	0.2/ 分鐘	0.4/ 分鐘	0.6/ 分鐘	0.8 分鐘	1.0/ 分鐘	1.5/ 分鐘
10 分鐘	2	4	6	8	**10**	15
30 分鐘	6	12	18	24	30	45
50 分鐘	**10**	20	30	40	—	—

圖表3·3　不同訓練強度區間的權重值也各異，表中所呈現的是各強度分別累積訓練 10、30 與 50 分鐘後所計算出來的訓練指數。

從圖表3·3，你可以看出第 5 級強度訓練（快跑）10 分鐘的分量（10 點），跟第 1 級強度訓練（慢跑）50 分鐘的分量一樣。

上一節我們曾經拿一個整月的訓練強度區間直條圖為例（圖表2·12 第62頁），1~6 區的訓練時間分別為 60 分鐘（1 區）、28 分鐘（2 區）、

33 分鐘（3 區）、37 分鐘（4 區）、40 分鐘（5 區）、25 分鐘（6 區）。從圖表 3.4 的訓練時間來看（藍色直條圖），似乎 1 區練最多，但在了解訓練量的觀念後（綠色直條圖），強度 1 區只是訓練時間最長，但這位跑者該月的訓練重點其實是在練最大攝氧量的第 5 區。

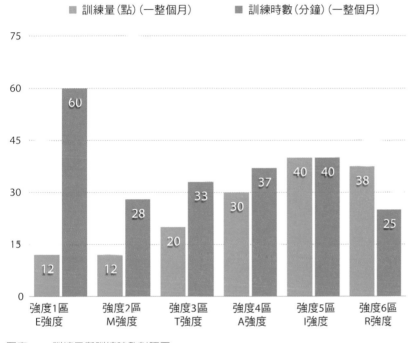

圖表3‧4　訓練量與訓練時數對照圖。

　　訓練量可以幫助你看清一整個月的訓練重點，進而調整接下來的訓練課表。強度分區之後，除了看各級強度所累積的時數與訓練量，還可以看出各項技術指標在不同強度區間的變化。

　　透過數據的分析，才能看出問題所在。例如圖表3‧5中灰色的虛線是上個月的步頻在 1 ～ 6 區的變化情形，很明顯強度愈高步頻愈快；黑

色實線則是這個月各區間的步頻，因為這位跑者在本月的目標是提高自己的步頻，他在 3 ～ 5 區的表現都很不錯，但 1、2 區卻完全沒有進步，若他的目標賽事是跑馬拉松的話，表示他這個月在馬拉松配速區的步頻訓練並沒有太大的效果。他的問題出在練 1 ～ 2 區較低強度的課表時，很容易就跨大步跑，所以腳掌停留在地面的時間比較久，因此步頻無法提高。這個問題，若沒有數據分析是看不出來的。

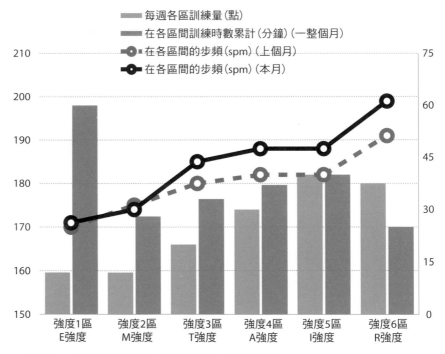

圖表3·5　高強度間歇訓練一個月之後的步頻進步幅度。

訓練量的計算方式

　　最客觀的訓練量計算方式應該是「訓練強度」×「訓練時間」，過去我們只能在每次訓練完後把數據一一鍵入 excel 表進行統計，所以在 GPS 錶和心率錶尚未普及（變便宜）之前，要精確地「量化強度」是很困難的，但現在的穿戴裝置與電腦已經可以代勞。

　　目前只要把心率錶上的數據上傳 RQ，就可以直接根據你當次訓練數據來量化訓練強度和該強度所累計的時間，算出你的訓練量。完全自動化，省時又精準，因為電腦可以把權重值細分到 1%，也就是說 HRR 的 99% 的訓練強度權重和 100% 是不同的，其中的差異可見圖表3·6。

　　若你沒帶心率錶，只有 GPS 數據，RQ 還是可以依據配速算出訓練量，只是用心率錶的數據會比較精確。假設你今天跑了 60 分鐘 E 強度（強度 1 區），其中心率有 20 分鐘落在 65%（權重值 0.183），20 分鐘落在 67%（權重值 0.217），最後 20 分鐘落在 72%（權重值 0.300）的話，計算出來的訓練量將會是 0.183×20 ＋ 0.217×20 ＋ 0.3×20 ＝ 14 點；若直接用強度 1 區的平均權重值 0.2 來計算：12（60×0.2），將有 2 點的差距。

E 強度		M 強度		T 強度		A 強度		I 強度	
HRR%	/ 分鐘	HRR%	/ 分鐘	HRR%	/ 分鐘	HRR%	/ 分鐘	HRR%	/ 分鐘
59%	0.100	75%	0.350	85%	0.600	89%	0.700	95%	0.900
60%	0.110	76%	0.367	86%	0.617	90%	0.723	96%	0.917
61%	0.122	77%	0.392	87%	0.650	91%	0.763	97%	0.940
62%	0.135	78%	0.417	88%	0.683	92%	0.800	98%	0.960
63%	0.150	79%	0.442			93%	0.840	99%	0.983
64%	0.167	80%	0.467			94%	0.883	100%	1.000
65%	0.183	81%	0.492						
66%	0.200	82%	0.517						
67%	0.217	83%	0.550						
68%	0.233	84%	0.583						
69%	0.250								
70%	0.267								
71%	0.283								
72%	0.300								
73%	0.317								
74%	0.333								

圖表3·6 不同儲備心率百分比下的訓練強度權重值 [1]。

【注】1 這是我們參考《丹尼爾博士的跑步方程式》(台北：遠流出版，2014，頁 101~102) 中的表格所製作出的儲備心率百分比與訓練點數的對照表。

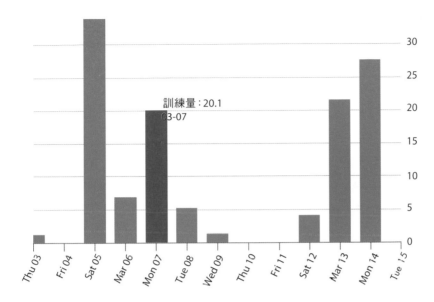

圖表3‧7　RQ 網站替跑者計算訓練量之後所自動繪出的直條圖。

　　我們可以看到 3 月 5 日的訓練量最大，因為這位跑者在當天進行了高強度的 800 公尺間歇訓練，雖然總訓練里程數只有 8 公里，跑量比 3 月 7 號的 21 公里長跑訓練來得少，但訓練量反而比較大。這代表 3 月 5 日的訓練壓力也會比較大，所以他很聰明地在隔天進行減量訓練，讓身體恢復後再進行長跑。這有助於跑者更客觀地監控自己的訓練壓力。

　　RQ 是直接使用跑錶中的心率數據來計算，但在從事高強度的間歇訓練時，因為心率不夠即時（速度加快的前 2 分鐘，心率還在爬升中，無法即時反應強度），所以 RQ 在偵測到強度 4 區以上時，會自動改以配速當作訓練量的計算標準。

3. 體能進步幅度、疲勞度與當前的狀況一目了然

　　一九七五年時，班尼斯特（Banister）等科運動科學家提出了「刺激-回饋理論方程式」（Impulse-Response Model Function），只要把過去每次的訓練量[2]輸入此方程式，就能計算出你長期積累的體能、疲勞與狀況指數。

　　這個指數跟跑錶中顯示狀況的差別，是它把過去每一次的訓練數據都考慮進去，相對來說較客觀，但取得方式卻更繁瑣，因為它需要前一個半月每次的訓練資料，如果有遺漏，算出來的指數就會失準。而且目前只有TrainingPeaks（簡稱TP）和RunningQuotient（簡稱RQ）這兩個網站具有這項分析功能。TP的計算以自行車功率訓練為主，用功率的方式來分析跑步的數據會失真，所以建議使用RQ比較適合跑者需求。現在只要把跑錶在雲端平台的資料[3]與上述平台做連結，完成第一次手續之後，每次訓練完的數據就會自動上傳到TP與RQ，非常便利。

【注】2 前面我們已經解釋過「訓練量」的定義是「不同的訓練強度」×「各強度所過的時間」之後再全部加總起來的數值。

【注】3 像是Garmin、Polar、Times、Suunto……等都可以跟TrainingPeaks做連結，但目前Running Quotient只能上傳Garmin的數據。

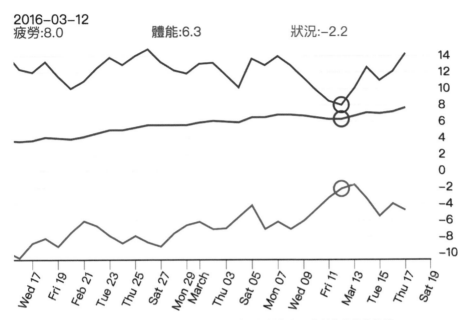

圖表3‧8　RQ 的體能、疲勞和狀況指數圖表：累計的資料愈多，分析的數據愈準確。

　　圖表3‧8 是其中一位跑者從二〇一六年的二月中到三月中，把心率錶的數據上傳 RQ 後的狀況指數圖表。紅色曲線是疲勞指數（Fatigue Index）、藍色曲線是體能指數（Fitness Index），從這兩條曲線中可看到，在同樣的訓練量下，體力進步的比較慢，疲勞上升比較快。這個現象很容易理解：今天 LSD 練跑 20 公里會比 10 公里感到疲勞，體能進步多，但對疲勞的影響會比較激烈，所以突然增加訓練量時狀況會迅速變差（體能減疲勞的曲線會陡降）。

　　反之，當訓練量減少時（從三月九日以後休息兩天），疲勞很快就會減輕，狀況也會同步爬升。這表示只要休息，狀況很快就會變好，我們都理解這個道理，但現在「變好的程度」已經可以具體「量化」出來。

許多教練和想要破 PB 跑者最常提出的困擾是：訓練很扎實，但在比賽日卻總是無法發揮最佳實力。這也是狀況指數曲線被研究出來的目的，有了它我們能透過數據與圖表直接觀察自己體能、疲勞與狀況的變化。當你「練很大」時，狀況指數也會「負很大」，但體能此時只會進步一點點。量化的圖表可以使你更加了解循序漸近的重要性，突然大量的訓練會使狀況指數一路狂跌，此時過度訓練和生病的風險就會大增。所以，若教練和跑者在準備重要比賽時，透過監控此圖表來評估是否需要依著既定的訓練計畫走。

長期狀況指數是怎麼來的？

體能要變好就需要訓練，這毋庸置疑，但訓練後同時也會使你變得更疲勞。也就是說，持續訓練會持續加強你的「體能」，但「疲勞」同時也一起累積。所以，長期的狀況指數即是從長期累積下來的體能，減去近期累積的疲勞，再加上跑者的初始體能所計算出來的結果。

狀況指數 P_t ＝初始體能 P_0 ＋長期累積的體能－近期累積的疲勞

- P_0 初始值為零。
- 當「體能」大於「疲勞」，代表狀況好（正值）。
- 當「體能」小於「疲勞」，代表狀況差（負值）。

假設你今天用很輕鬆的強度練跑了 10 公里（耗時 55 分鐘），訓練量是 11 點。這 11 點的訓練量會使你將來的體能變好，但也會使你接下來幾天變得更累。而且不管是體能進步幅度，還是疲累程度，都會隨著天數而遞減，也就是說這 11 點的訓練量，對明天的影響比較大，對後

天的影響就開始小一些，到了大後天影響就再更小一點，依此類推。今天的訓練對一星期後的這位跑者而言，影響就更些微了。雖然小，但無法忽視因為影響逐漸遞減的特性，所以運動生理學家在計算體能與疲勞這兩個指數時，就是把過去所有的訓練量乘以指數函數 exp(x)，再全部累計起來。在這個函數裡，x 為負值，所以愈久之前的訓練，對當下的影響就能以指數函數的曲線遞減。

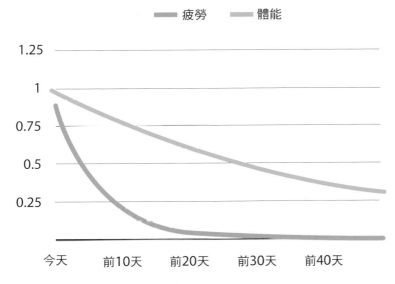

圖表3·9 「exp(x)」這個函數中的 x 若為負值則會呈現上述曲線，負愈多曲線下降幅度愈快。

綠線代表從過去到現在，每一次訓練對體能進步的貢獻度；藍線則代表從過去到現在，每一次訓練對疲勞累積的影響程度。十天前的訓練，對疲勞程度影響會變得相當小，但對體能的提升還是有一定程度的幫助。

有時雖然你練很大，疲勞度大增，但因為體能很好，所以狀況還是會不錯；但有些人在體能還沒練起來之前就快速增加跑量，結果狀況迅速變差。依我們的經驗，當狀況指數連續一週都降到「-10」以下時，就會提高過度訓練與生病的風險。

在比賽前把身體調整到最佳狀態

在準備目標比賽前、規律訓練的階段（基礎期／準備期），體能指數會慢慢增加，代表你的體能變得更強了，但疲勞指數通常也會爬升得更明顯，所以狀況指數（圖表3.8 橘線）在大部分時間都會是負值，大概會落在 -5 到 -15 之間，所以你並不會在這個階段跑出最好的成績。

當接近目標比賽的前兩到三週，應該要開始減量，目的是要消除身體的疲勞，調整出最好的狀況來面對比賽。在減量期間，狀況指數應該會在 -5 到 0 之間，代表你的狀況已經回到更好的水平，同時體能指數會略為下降，但不用擔心，這並不代表你會因此變慢。

有些跑者會誤以為只要狀況指數變成正數，就是進入適合比賽的狀態，但這只對了一半。要讓狀況指數上升到正值很簡單，只要完全停練一星期，狀況指數大都會回到正值，但經過這一週後再去跑步，你會發現疲勞感的確消失了，不過跑步的動作卻會顯得有些生硬，想當然耳，這種狀況並不會跑出好成績。正確的方法應該是在目標比賽兩到三週進行減量訓練，意思是仍要繼續保持訓練，只是減少訓練量，但不能完全不跑。在圖表上會看到疲勞指數下降，狀況指數則會慢慢回升，這時候身體感覺會愈來愈好，但切記不要急著測試自己的能耐，仍要按部就班地進行減量訓練，使狀況指數在比賽當天爬升 +5 以上。

另外，每個人的「最佳狀況指數」都不同，有些人可能在 +5 就已經很好，有些人可能要達到 +8，有些人甚至要到 +15 才會跑出最理想的成績（或是感覺最棒）。所以狀況指數不用跟別人比較，而是利用長期紀錄的資料數據，觀察出最適合自己的狀況指數。只要累積的數據愈多，就愈容易找出理想的狀況指數；依我們的研究，在比賽前，「狀況指數」回到「+5~+15」之間，可以在比賽中發揮最佳表現，至於確切數值是多少就因人而異，要長期觀察此指數和運動表現之間的關係。

　　千萬不要以為狀況指數愈高愈好（+15 以上），狀況指數太高意味著減量太多，或是停練太久，這樣會導致體能下降；只有當體能跟疲勞都處於合理的平衡時，才會達到最佳的競賽表現。

4. 大／小猴子的實驗證明：
每個人適合的體能指數都不同

　　我們見過許多跑者在追求 PB 時，都會優先選擇「增加訓練量」。比如說每週練跑 40 公里，全馬可以跑 4 個半小時，增加到 50 公里後進步到 4 小時，再增加到 70 公里又進步到 3.5 小時。這樣的結果會使大部分跑者認為：要進步就要一直加量。因此想要不斷進步的跑者，就會不斷把跑量往上加，但不少跑者加量的結果，不但沒進步還造成過度訓練，使成績大幅下滑。

　　我們在第 7 章會提到 10 公里的世界紀錄，在半個世紀裡進步了 3 分多鐘，但跑者的最大攝氧量和乳酸閾值並沒有顯著的差異。世界紀錄之所以能不斷往前突破，主要是跑步技術與肌力的提升，而非體能。不斷增加訓練量，只是增加過度訓練與受傷的風險，而且縮短技術與肌力訓練的時間與專注度，反而不利於成績的提升。

　　從《羅曼諾夫博士的姿勢跑法》一書中，可見到此論點的研究基礎來自於：

> 一九二〇年代末期，俄羅斯有一組科學家團隊，針對哺乳類動物進行將近五十年的自發性動力測試。……在這項研究中，猴子被放到一個大獸籠中，牠們可以在這個籠子裡四處走動、攀

爬和從事各種活動。……科學家蒐集每一隻猴子的日常基礎活動量時，發現有些猴子顯然比其他猴子更好動。

在這實驗的第二階段，同一批猴子被放到一個極小的籠子裡，讓牠們半天都無法動彈；剩下的半天，將牠們放回到原本可以自由活動的大獸籠裡。科學家們發現，所有的猴子在剩下的半天中會自行補償活動量，以達到牠們之前量測出來的一日基礎活動量，不論原本的活動量很高、中等或較低，牠們都會在剩下的半天補齊。在實驗中進一步發現，當猴子個別的活動額度被剝奪或超支時，也會產生類似的結果。例如，剝奪一隻猴子半個星期的日常活動量，牠會在接下來的半星期自動增加活動量，使得一週的活動量符合平常一週的能量消耗。當研究者刻意強迫猴子運動，使一週的活動量增加到兩倍時，相反的事情發生了：猴子們在接下來的一週會自動減少活動，自動休息補償上一週的「過度訓練」[4]。

譯完這本書，某次親自跟羅曼諾夫博士請教這項研究時，他跟我們說了一個故事：「七○年代時，我跟尼古拉‧普利科夫（Nikolay Puklakov）同在國家隊訓練，他是我的室友，數年來的月跑量都是 400 公里，但成績一直有進步，不少教練建議他加量來提升成績，不過他跟我說，只要一把跑量增加到每個月 450~500 公里，表現就開始退步，所以普利科夫認為，月跑量 400 公里才是他的最佳訓練量。一九七二年時更一舉打破了俄羅斯 5000 公尺的國家紀錄。

【注】4 此文摘自尼可拉斯‧羅曼諾夫博士著；徐國峰、莊茗傑譯：《羅曼諾夫博士的姿勢跑法》，台北：臉譜出版社，頁 219。

不只是跑者，其他運動項目也一樣。奧運跳高冠軍瓦雷利·布魯梅爾（Valeri Brumell）曾是世界紀錄保持人。羅曼諾夫博士說：「他就是隻小猴子，但這並不影響他傑出的表現。當他的訓練量從每週三到四天增加到每週五到六天時，他的體能和運動表現反而下降了。」

小猴子也可以達到世界水準，但這一類跑者對訓練量很敏感，不能隨意增加，他們比較適合短距離項目，比長距離反而會扼殺他們的天分。像博爾特這種百米的衝刺選手，若練太多低強度的長距離課表，衝刺速度必定會變慢。小猴子也可以比全馬或超馬，但練起來會很辛苦，成績也很難出類拔萃。

小猴子的訓練量不宜太大，這跟體質有關，並沒有一定的標準。個體的差異相當微妙，例如同樣是全馬跑者，有些人每週要練到 100 公里才能突破 3 小時，但有些人 50 公里就夠了，我們還見過一位全馬跑到 3 小時 06 分的女跑者，平均週跑量不到 30 公里。

大猴子所偏好的比賽類型，距離會比較長。某些活動量超大的猴子比全馬還不過癮，會開始選擇超馬或超鐵賽（活動量的大小其實跟體型沒有絕對關係，也有體型嬌小的女性跑超馬），這類跑者能夠吸收大量的低強度長距離訓練，但高強度的無氧間歇訓練對他們的身體反而會形成較大的壓力，所以要謹慎些。超馬跑者的體能指數通常都能超過 20 以上。

體能指數並非愈高愈好。我們建議在每週休息日之後的隔天早上，可以用第 9 章介紹的心率變異度來衡量恢復的情況，判斷目前的訓練量是否適合自己。例如圖表 3.10 中的跑者已經規律訓練一個多月了，每週五是他的休息日，週六早上的心率變異度是 95，平常心率變異度是 100，代表他恢復得很好，訓練量都有吸收。我們也可以確認目前 20~22 的體能指數是適合他的。若再加練，使體能指數爬升到 25，休息日過後的心率變異度下降到 60，也感覺比較疲累，那此時的加量訓練

似乎沒有意義。我們可以藉由這樣的測試方式，找到自己是屬於體能指數多少的猴子。

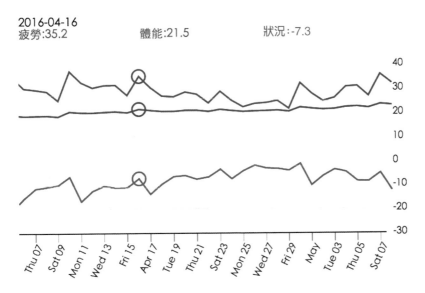

2016-04-16
疲勞:35.2　　　　　　體能:21.5　　　　　狀況:-7.3

圖表3‧10　大猴子的體能指數通常大於 20。

RQ 的教練功能

　　RQ 上面有個特別設計給教練使用的功能，只要跑者授權，教練就可以查看他的各項分析資料，也可以幫他設定心率與配速區間，對教練最大的好處是，當每個選手前來諮詢時，就算之前完全不認識，只要他過去有戴跑錶，與 RQ 連結之後，馬上就可以看到過去一個月的訓練量、體能、疲勞程度、狀況等等，以及他目前的跑力與各級配速，一目了然。RQ 就像跑者健檢報告一樣，教練面對新選手時，只要花幾分鐘看他在 RQ 上的圖表，立即就能掌握比選手更了解的跑力與近期訓練狀況。

5. 今天的狀況，
從熱身數據就可得知

　　RQ 的狀況指數只是用過去的訓練量來計算，有些跑者的狀況不好，也許是因為工作壓力、熬夜或其他外在因素，但跑者怎麼知道「今天的狀況」如何呢？當然，要跑了才知道。大多數的情況下，我們是憑感覺來判斷自己今天狀況的好壞。但主觀的感覺總會受到許多外在因素的影響，所以「今日狀況指數」（Performance Condition of Today）這個指標，正是為了更客觀地量化你「當下的狀況」。

圖表3·11　確定今天狀況的評估工具。

　　以 Garmin 的跑錶為例，Forerunner 630 之後新增了此項功能，只要你戴著心率錶熱身，在開始跑的前 6~12 分鐘，手錶就會自動幫你評估今天的體能狀況（也就是說前 6 分鐘不會有這個數值）。狀況的數值有正負之分。舉例來說：「+10」代表你今天的狀況非常好；「-10」代表你今天狀況極差。

　　如果今天是「+5」以上，表示你今天進行測驗或比賽，很可能會取得好成績，甚至大有機會破PB（個人最佳紀錄）。反之，如果是「-5」

以下，建議不要進行高強度的測驗。若當天是比賽，也無須勉強自己一定要跑出好成績，因為在「-5」的情況下很難有好表現，太過強迫不只打擊信心，還會讓身體壓力更大，使你的表現每況愈下。

今日狀況指數是怎麼算出來的呢？跑錶主要是跟據你熱身的配速和心率數據來進行分析，只要戴上心率帶，就能在熱身階段進行當前的最大攝氧量評估。而這個數值的意義，是你偏離最大攝氧量的百分比，所以「+1」的意思是，你今天比你目前的最大攝氧量多了 1%。只要前幾分鐘跑下來是正值，就代表你今天的狀況很好，如果你今天要測驗或比賽，想必可以好好發揮。但這項數據要準確的前提，是要經常用這支錶來訓練，讓你最大攝氧量的數據能穩定下來，基準線穩定了，偏離的評估值才有意義。

RQ 狀況指數好比長期股票走勢，可以幫助跑者決定未來的訓練方向

如果我們把訓練比喻成投資，獲利是進步，虧損是退步，要選擇投資哪一家公司、投資多少錢，就像規畫未來訓練計畫時所思考的問題一樣。開課表訓練的目的只有一個，就是變得比之前更強，為了達成這個目的，所以要規畫，規畫時的思考方向跟投資很像，要練什麼？何時練？練多少？

當你決定要投資一家公司時，想必是看好它未來的獲利，而你之所以能判斷這家公司未來能賺錢，就是透過它過去的各種運營指標，例如市值、股本、本益比、獲利狀況與 EPS 等等。

RQ 裡「狀況指數」的意義正在於此，它可以讓教練（或者自主訓練者）先整體性地了解跑者過去的狀況與實力，才能規畫出未來進步的訓練

計畫。這就好比優秀的投資人一定會先做功課與擬定獲利投資計畫，不了解過去就投資，跟賭博沒有兩樣。沒有計畫性地隨性訓練，雖然可能會進步，但那只是運氣好，若想要長期進步（獲利），沒有計畫是不可能的。

想當上國手都要經過選拔，當長跑好手經過辛苦的訓練選上國手，正準備要重新安排下一個大週期的訓練，此時的 LSD 該從多少的配速和訓練量開始呢？因為每個人的體能和強弱項都不同，所以身體能吸收的訓練量也不同。同樣 20 公里的 LSD 課表，國手可能練完隔天就完全恢復，但一般的跑者需要連續休息幾天，才能恢復到原本的體能狀況。

RQ 的狀況指數圖可以看出跑者的體能高低與長期的變化情形，所以跑者可以用它來規畫未來的訓練計畫。但 HRV 不行，就算做成曲線圖也看不出來，HRV 是個太過前端的指標，用它無法看出跑者的體能程度，所以無法依據它的曲線圖來設計訓練計畫。但 HRV 可以用來評估當天的狀況與疲勞程度，製作成曲線後能看出整體的疲勞變化情形，但麻煩的是，每天至少要量測兩次才有意義（訓練前和訓練後），對於每天都要跑的人來說，實在很麻煩。

熱身時用錶測到的體能狀況指數，無法解讀跑者的實力，它的功能主要是確認跑者當天的狀況，做為是否要調整當天課表的參考。例如今天測出來的體能狀況指數是「-5」，代表今天的狀況不佳，應該要減量比較適合；但如果量出來是「+5」，代表狀況比平常好，可以多練一點。降低不一定是因為訓練，也有可能是熬夜壓力太大。

也就是說，RQ 的體能狀況指數，可做為規畫未來長期課表的參考工具，而跑錶的數據，則可當成評斷當天是否要調整課表的依據，這兩者並沒有孰優孰劣的問題，也無法互相取代。

週期化訓練

【第4章】

該練什麼課表才對？

科學化訓練的流程，是先擬定「訓練計畫」與排課表，安排課表的主要元素是訓練強度與各強度的時間；確定要練什麼之後，接著用跑錶監控與蒐集數據，有了數據才能分析，透過分析的結果才有修正課表的方向。就像在海上掌舵一樣，每航行一段時間就要重新確認方向，才能朝預定的目標前進。

1. 該練什麼強度？

我們已經知道聚焦在特定的訓練強度很重要，那該練什麼強度才對呢？這個問題的答案會依據你的程度、目標賽事的距離及訓練的進度而改變。這是屬於「週期化訓練」的知識，若要把開課表的原則說清楚，會變得相當複雜，為了簡單說明，我們用下圖來解釋，讓大家比較容易找到適合自己的課表。

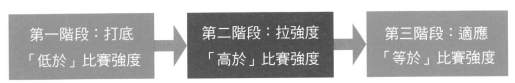

圖表4‧1　設計比賽訓練計畫的大原則

首先，不管你的目標賽事為何，在剛開始訓練時（第一階段）要先練較低強度的課表，這裡的「較低」是指比你目前預定的比賽配速慢（或者比預定的比賽心率低），先打好有氧基礎，提高身體的韌性，等身體適應後，就可以進入第二階段，開始練「高於」比賽強度的課表（或者比預定的心率高）；最後一階段的訓練目的很單純，找到自己的比賽強度，使身體習慣，藉此提升比賽的信心。

舉例來說，如果某位跑者的目標是 10 公里，10 公里的比賽強度大約在 3~4 區之間，因此剛開始訓練時要以 1~2 區的強度為主，接下來改以 5~6 區的強度為主，最後再專注練 3~4 區。每進到下一個階段，前一階段的強度也不能完全不練，每個星期還是要至少練一次，以保持之前在該強度下的訓練成果。

那每個強度的時間該維持多久呢？這裡就是訓練的藝術了，每個人的情況都不同，並沒有統一的答案；但為了讓大家有標準可以遵循，我們設了一個通用原則：

- 如果跑者是剛接觸跑步的初學者，第一階段要花最長時間。

- 如果只是想維持體能，目標賽事只是練習賽，下一週期的比賽才是重點，那應把訓練重點放在第一和第三階段，第二階段不用花太多時間。

- 如果跑者的目標是破 PB，第二階段要花最長時間。

如何確認自己的有氧體能基礎已經打穩了？

　　時常有跑者問：什麼時候可以不用再打底，直接從高強度的間歇開始練呢？為了解決許多跑者的這個問題，經過多次的實驗，我們終於找出以是否建立「有氧基礎」做為評測標準：利用 E 配速（強度 1 區）連續跑 90 分鐘的心率飄移（Cardiac Drift）幅度來判斷。

　　什麼是心率飄移呢？試想你開始用強度最低的 1 區慢跑，雖然強度很低，但維持同樣的速度跑一段時間後，心率大都會上升，我們稱此現象為心率飄移，飄移愈少的人，代表基礎體能愈穩固。

　　在全程平坦的路段，E 配速的心率若能在 90 分鐘內飄移 10% 以下就算具備「優秀的有氧體能」（5% 以內是國家級的有氧體能）。檢測方式如下：

1. 當天氣溫必須是攝氏 25 度以下，

2. 必須知道自己的 E 配速（可用本書的配速區間表或 RunningQuotient 來取得），

3. 假設用此配速跑到第 10 分鐘的心率為 A，

4. 需要持續跑 90 分，盡量維持在 E 配速（中途一定要喝水，但每次補給不能停超過 30 秒），配速維持不變，假設 90 分鐘後心率升到 B，

5. 計算（B-A）÷A×100％，就可以得出心率飄移。

　　跑完後，只要心率飄移能維持在 10％ 以內（等級 8），「有氧體能的基礎」就算夠扎實了。

　　例如某位甲跑者的 E 配速是 6:00/km，用此配速跑到第 10 分鐘的心率是 142 bpm，第 90 分鐘的心率是 160bpm，因此我們可以知道心率向上飄移了（160-142）÷142 = 12.7％，那代表有氧基底的建設工作尚未完成，仍需把訓練重點繼續放在低強度長跑上。

　　假設另一位跑者的 E 配速是 5:00/km，10 分鐘後他的心率為 150bpm，心率飄移 10％ 指的是增加 15bpm，也就是飄移到 165bpm，代表有氧體能表現優秀（下方表格中等級 8）；升 5％ 是指增加 7.5bpm，也就是心率飄移到 157bpm，則代表有氧體能表現接近菁英選手級（圖表4.2 的等級 9）。

等級	0	1	2	3	4	5	6	7	7.5	8	8.5	9	9.5	10
平路跑 E 配速 90 分鐘後心率飄移 %	25%	20%	18%	16%	15%	14%	13%	12%	11%	10%	7%	5%	3%	1%

圖表4.2　從 E 配速跑 90 分鐘之後心率飄移的幅度，可以判定跑者目前有氧基礎的扎實程度。

打穩體能基礎，
LSD 最長練 2.5 小時就夠了

3.

對於準備初馬的跑者來說，切勿練太多，就算練多，身體也不一定吃得下去。訓練是靠累積，少量多餐才是訓練之道，暴飲暴食易傷身。那吃到多少的量就算「暴食」呢？以 LSD 來說，奧運級的馬拉松選手，E 強度的課表「最多」只會練 2.5 小時。

你可能會想：「菁英跑者的馬拉松都在 2 小時 30 分之內就跑完了，我跑這麼慢，應該要再練多一點吧？」

這樣的想法是很危險的！你的跑量要能消化吸收得了才有用，不能練太多。吃下去但吸收不了，反而有害。因為連專業跑者（除了跑步就是吃飯休息和睡覺），一次都只能吸收 2.5 小時的 E 強度課表，準備初馬的入門跑者怎能跟他們一樣把 LSD 拉到 2 小時，甚至 3 小時以上呢？身體是吃不消的。

只要訓練持續下去，不用擔心自己比賽時會跑不完。

實力是靠一次次的訓練累積出來的，以更極端的 226 公里的超鐵選手為例，他們絕不會在賽前練一次完成的賽程：游 3.8 公里、騎 180 公里，再跑 42.195 公里，甚至連一次騎 180 公里的課表都不會做，但仍可以在這麼長距離的比賽中創下好成績，為什麼？因為實力是靠累積，累積

需要的是不中斷地持續訓練，而單次的超量訓練時常就是「中斷訓練」的元凶。

試想一下，初馬跑者某個週末練了 3 個半小時的 LSD 之後，接下來三天還能正常訓練嗎？通常接下來的一個星期都無法持續規律訓練了。當然，還是有人天生就具有超強潛能，訓練超量也消化吸收得了，吸收多，進步也快（他們的初馬可能就破 4 或進 3.5 小時），但這些進步神速的跑者，也會比一般人更容易燒完跑步的熱情。

一位熟朋友，初馬就跑了 3 小時 20 分，但後來就不再進步，甚至現在也不太跑步了，因此我們一直強調「進步，慢一點比較好！」

試想：第一場馬拉松就加大劑量給特效藥，之後再用溫和一點的菜單，又怎能刺激身體進步呢？

因此我們對初馬跑者的建議是：練勤一點，但量少一點，進步慢一點比較好。既安全又能持久。若你的訓練目標是全馬，E 強度的 LSD 最長只要練 2.5 小時就夠了。訓練的原則是「規律」，而非少餐多量。最忌單次訓練量太大，休息好幾天才又訓練。

可能有不少跑者疑惑：「我的全馬最快也要跑 4 小時，最多只練 2.5 小時，真的夠嗎？」二〇一五年有五個月，在上海訓練了幾位很認真的跑者，上完兩週的先修課程後，替他們開了完整的十六週課表，之後就要求他們照表操課，同時回答他們訓練時遇到的問題，其中一個學員在比完賽後的分享文章中提到：

「我對這個課表一開始是很疑惑的，一開始的前兩個月，天天跑 E 心率，那個配速和自己期望的目標配速差太多了，究竟有沒有用，真的不好說。我至少在課堂上問了老師兩次：『每次訓練時間這麼短，LSD 也不允許超過 2 小時 30 分，和我們傳統理解的 LSD 距離和時間都不匹

配，如何能在比賽中不跑崩？』老師用他溫和而堅定的台灣腔告訴我：『請相信我，只要你按照這個課表走，一定可以做到。』我當時真的將信將疑，直到上海馬拉松衝線，我才徹底被這套訓練計畫征服。」

　　這位學員在十六週的時間裡，PB從4小時02分進步到3小時33分。在這次的訓練營中，總共有二十八位的PB破了20分鐘以上，這些大破PB的學員都做對了一件事，就是「單次訓練時數都沒有超過2.5小時」。

LSD 拆開練，效果會比較不好嗎？

　　常有人問道：「假設某次LSD的跑量是20公里，那如果拆成早上跑10公里，晚上跑10公里，效果會不會因為一次跑的量太少比較不好？」訓練效果和訓練壓力是一體的兩面，效果好表示施加在身體上的壓力也大。在練強度1區的長跑時，還是要一次吃完課表效果比較好，因為身體在慢跑前半段都屬於熱身階段，要到30分鐘後才有練到我們要的「肌肉端有氧能力」，因此若是拆開來練，等於重複兩次啟動的步驟，效果會差一些，但從另一個方面來講，對身體的壓力也小一些。

4. 基礎體能打穩後
再練間歇才會進步

　　當基礎體能打穩後，若還是「只練」強度 1~2 區的課表，之後的進步就會非常有限 [1]。如果之後以全馬以下的距離為目標賽事的話，體能打穩後，就應該開始以較高強度的「間歇」為主。什麼時候要開始拉強度練間歇，正是上述 90 分鐘心率飄移檢測的主要目的。

　　只要「E 配速 90 分鐘的心率飄移百分比」可以下降到 10% 以內，就可以開始練高強度間歇來提升表現。那什麼時候要再重新練 LSD 呢？當目標賽事（或測驗）結束，跑力確實提升後，就該用已提升的 E 配速重新打底，接著再等到「新的 E 配速」90 分鐘的心率飄移能練到 10% 以內，就再開始練間歇，拉速度。若能依此原則，反覆循環，大體上就掌握了跑者週期化訓練的核心。丹尼爾博士告訴我們每週期應該都練「六週」，但從過去訓練與教練的經驗中，我們認為可以利用這個原則來微調，因此才想辦法設計了這樣的檢測方式來進行更客觀的週期化訓練。

【注】1 這裡指的是全馬以下的距離，如果是超馬選手，他們比得是誰能用強度 1~2 區的速度撐得最久，所以訓練的重點還是應該以低強度的長距離課表為主，LSD 的量還是不能少，要繼續延長訓練時間。

世界級的頂尖選手之所以能達到「神人」等級，他們的實力都是建構在一輪又一輪的週期化訓練之下。「隨性的訓練，比賽成績也會變得很隨性」。想追求卓越，就必須有計畫地進行週期訓練，該慢的時候要忍住不加速，該快的時候要咬牙抵抗想放慢的念頭，不能隨性跟著朋友，要耐著性子跑該週期的強度。所以我一直覺得，在耐力運動的世界裡最強的人，需要同時具備外部的「知識」與內在的「智慧」，他一定要懂科學化的知識（或是他的教練懂），同時又要具有智慧：能耐著性子忍受孤獨、不爭強好勝、在不該比賽的時候要能忍住獎金與得名上台的誘惑。克制名利之慾，是智慧，這與科學化訓練的知識無關。知識與智慧兼具才是強者，一位運動家的真實樣貌。

5. 利用訓練量來找出適合自己的間歇訓練趟數

前面所介紹的訓練量可以使我們更客觀地了解自己的身體目前能吸收的課表為何，需不需要調整，它能協助跑者避免過度訓練。

身體就像海綿，每個人可以吸收的量是不一樣的，但該怎麼確認適合自己的訓練量呢？

以一般初學者來說，假設完全沒有訓練經驗，但你很想要確定自己的身體目前可以吃下多重的課表，可用以下簡易的方法，只要花一個月就可以確認：

- 每週選一天用強度 1 區（可以聊天的配速）練 LSD 慢跑，第一次先隨意跑一段感覺輕鬆的距離。
- 每次跑完之後再問自己「感覺如何？」從下方的疲累程度 1~5，選一個你當下的感受。
- 下週的同一天再跑一次，不過時間要增加 15 分鐘。
- 在這四星期之中選出你自覺在「3、剛剛好」的那次訓練，看看總共花了多少時間，再把它換算成分鐘數乘上 0.2，所得出的數值就是目前你的身體可以吸收的訓練量。或是直接連上 RunningQuotient 網站，這個平台會自動幫你計算。

1、非常輕鬆	2、輕鬆	3、剛剛好	4、有點累	5、累癱了

第 1 次：90 分鐘　第 3 次：120 分鐘　第 4 次：135 分鐘
第 2 次：105 分鐘　　　　　　　　　第 5 次：150 分鐘

圖表4.3　全馬訓練營某位學員 LSD 慢跑訓練五週後的感受紀錄。

以上述這位跑者來說，藉由回饋，我們知道他 E 強度的 LSD 跑超過 2 小時就會覺得疲累，他感覺「剛剛好」的訓練量是「E 心率 2 小時」：

0.2 × 120 分鐘 ＝ 24 點

因此得知這位跑者目前身體可以負荷的量是 24 點：

● 如果接下來要開始改練馬拉松強度的課表，由於此強度是屬於第 2 級，強度權重值是 0.4/ 分鐘，因此我們可以很明確地知道，這個強度的訓練應該從 60 分鐘（24÷0.4）開始，比較符合他目前的體能水準。

● 如果他接下來要練的主課表是「T 強度 5 分鐘間歇」，由於 T 強度的權重值是 0.6/ 分鐘，所以每一趟 5 分鐘的 T 強度訓練等於 3 點（5×0.6），此時適合他的趟數應該是八趟（24÷3）。

● 如果接下來要練的主課表是「I 強度 2 分鐘的間歇」，從 I 強度的強度權重值是 1.0/ 分鐘，可以算出每趟 2 分鐘的 I 強度的訓練等於 2 點（2×1.0），因此目前適合他的趟數為十二趟（24÷2）。

● 如果接下來要練的主課表是「R 強度 1 分鐘的間歇」，由於 R 強度的權重值是 1.5/ 分鐘，我們可以算出每趟 1 分鐘的 R 強度訓練等於 1.5 點（1.5×1），因此目前適合他的趟數為十六趟（24÷1.5）。

RQ 網站上的「你要練什麼？」這個功能，可以協助跑者確認自己目前的 LSD 要練多長、馬拉松配速與節奏跑要練多久，或者間歇要跑幾趟。請善用這個功能，以達到最佳的訓練效果與避免過度訓練。

你要練什麼？ 根據需求產生最適合的跑步課表 ❓

跑力	50	❓
訓練指數	15	❓
目標強度	⬚ E 強度1區　⬚ M 強度2區　⬚ T 強度3區 ⬚ A 強度4區　◉ I 強度5區　⬚ R 強度6區	❓

確認

圖表4·4　RunningQuotient「你要練什麼？」的功能顯示圖，它可以根據跑者的跑力、設定的訓練指數與目標強度，自動產生出一份適合跑者的課表。

跑力
【第 5 章】

評量跑步實力的綜合指標

世界知名的跑步教練丹尼爾博士所發明的「跑力」（VDOT）是一個體能、肌力、技術與心志的綜合指標。跑力愈高代表跑步實力愈強；即使兩個人擁有相同的最大攝氧量，但 A 跑者比 B 跑者擁有更好的跑步技巧，或是更強烈的求勝意志，他的跑力就比 B 跑者高。

在這一章我們將教你如何找到自己的跑力。我們把跑者的綜合指標分成競賽跑力與即時跑力，前者根據賽場上的表現而來，可以用來找到自己體能的強項與弱項；後者是根據跑錶上的數據直接計算出來的結果，主要是用來評估跑者當前的身體狀況與進步幅度。

1. 透過競賽跑力曲線，找到自己跑步體能的優缺點

跑力的核心價值是：用跑者目前的運動表現來評估他目前的跑步實力。丹尼爾博士所發明的 VDOT 系統比較偏向「競賽跑力」，強調在找跑力時要用最近的比賽成績。但使用競賽跑力時最多人感到困擾的是：如果最近比了好幾場不同距離的比賽，對應出來的跑力都不同，這時該以何者為準呢？

　　通常我們建議以「接近目標賽事距離的成績」為準，例如你正在準備全馬，你應該以你前一場全馬或半馬的成績來找跑力；如果目標是打破自己的 10 公里紀錄，跑力與訓練配速就應該從前一場 5 公里或 10 公里的成績而來[1]。

　　某次演講完一位跑者說他很想破自己的 10 公里 PB，但一年多來都無法達成，試過各種方法練習都無效。了解他目前 PB 是 34 分 54 秒後，我們從圖表5·1跑力表中找到他的跑力是 61，再從圖表2·8（第 56 頁）配速表中找到他的六級配速，接著我們又問他過去的訓練課表與其他距離的 PB，不到 10 分鐘的時間，很快就了解這位跑者體能上的優缺點，並當場提供他未來大致的訓練方向。不到三個月，他就很開心地跟我們說破 PB 了。

　　量化的好處就在於此，雖然只有短暫的 10 分鐘，但我們已快速掌握到他過去的訓練和體能狀況，而且很快給出未來訓練的方向。當然，科學化訓練並無法取代教練的長期觀察、激勵與陪伴的功能，兩者要相輔相成才能讓訓練更有效率。

【注】1 目前可以直接使用網路上的免費平台 RQ「耐力網」→「能力檢測」服務，來找到自己的競賽跑力與各級配速。

圖表5-1　跑力表。

跑力	1 英里 (1.6 公里）	3 公里	5 公里	10 公里	半程 馬拉松	全程 馬拉松	跑力
20	0:11:54	0:23:20	0:42:24	1:28:03	3:15:15	6:44:00	20
21	0:11:36	0:22:45	0:40:49	1:24:47	3:08:02	6:31:00	21
22	0:11:19	0:22:11	0:39:22	1:21:47	3:01:23	6:19:00	22
23	0:11:01	0:21:37	0:38:01	1:18:59	2:55:07	6:08:00	23
24	0:10:45	0:21:04	0:36:44	1:16:20	2:49:20	5:56:00	24
25	0:10:28	0:20:31	0:35:33	1:13:53	2:43:53	5:45:00	25
26	0:10:11	0:19:59	0:34:27	1:11:36	2:38:48	5:35:00	26
27	0:09:55	0:19:27	0:33:25	1:09:28	2:34:03	5:25:00	27
28	0:09:39	0:18:56	0:32:27	1:07:28	2:29:34	5:15:00	28
29	0:09:24	0:18:26	0:31:32	1:05:34	2:25:15	5:06:00	29
30	0:09:11	0:17:56	0:30:40	1:03:46	2:21:04	4:49:17	30
31	0:08:55	0:17:27	0:29:51	1:02:03	2:17:21	4:41:57	31
32	0:08:41	0:16:59	0:29:05	1:00:26	2:13:49	4:34:59	32
33	0:08:27	0:16:33	0:28:21	0:58:54	2:10:27	4:28:22	33
34	0:08:14	0:16:09	0:27:39	0:57:26	2:07:16	4:22:03	34
35	0:08:01	0:15:45	0:27:00	0:56:03	2:04:13	4:16:03	35
36	0:07:49	0:15:23	0:26:22	0:54:44	2:01:19	4:10:19	36
37	0:07:38	0:15:01	0:25:46	0:53:29	1:58:34	4:04:50	37
38	0:07:27	0:14:41	0:25:12	0:52:17	1:55:55	3:59:35	38
39	0:07:17	0:14:21	0:24:39	0:51:09	1:53:24	3:54:34	39
40	0:07:07	0:14:03	0:24:08	0:50:03	1:50:59	3:49:45	40
41	0:06:58	0:13:45	0:23:38	0:49:01	1:48:40	3:45:09	41
42	0:06:49	0:13:28	0:23:09	0:48:01	1:46:27	3:40:43	42
43	0:06:41	0:13:11	0:22:41	0:47:04	1:44:20	3:36:28	43
44	0:06:32	0:12:55	0:22:15	0:46:09	1:42:17	3:32:23	44
45	0:06:25	0:12:40	0:21:50	0:45:16	1:40:20	3:28:26	45
46	0:06:17	0:12:26	0:21:25	0:44:25	1:38:27	3:24:39	46
47	0:06:10	0:12:12	0:21:02	0:43:36	1:36:38	3:21:00	47
48	0:06:03	0:11:58	0:20:39	0:42:50	1:34:53	3:17:29	48
49	0:05:56	0:11:45	0:20:18	0:42:04	1:33:12	3:14:06	49

跑力	1 英里 (1.6 公里)	3 公里	5 公里	10 公里	半程 馬拉松	全程 馬拉松	跑力
50	0:05:50	0:11:33	0:19:57	0:41:21	1:31:35	3:10:49	50
51	0:05:44	0:11:21	0:19:36	0:40:39	1:30:02	3:07:39	51
52	0:05:38	0:11:09	0:19:17	0:39:59	1:28:31	3:04:36	52
53	0:05:32	0:10:58	0:18:58	0:39:20	1:27:04	3:01:39	53
54	0:05:27	0:10:47	0:18:40	0:38:42	1:25:40	2:58:47	54
55	0:05:21	0:10:37	0:18:22	0:38:06	1:24:18	2:56:01	55
56	0:05:16	0:10:27	0:18:05	0:37:31	1:23:00	2:53:20	56
57	0:05:11	0:10:17	0:17:49	0:36:57	1:21:43	2:50:45	57
58	0:05:06	0:10:08	0:17:33	0:36:24	1:20:30	2:48:14	58
59	0:05:02	0:09:58	0:17:17	0:35:52	1:19:18	2:45:47	59
60	0:04:57	0:09:50	0:17:03	0:35:22	1:18:09	2:43:25	60
61	0:04:53	0:09:41	0:16:48	**0:34:52**	1:17:02	2:41:08	61
62	0:04:49	0:09:33	0:16:34	0:34:23	1:15:57	2:38:54	62
63	0:04:45	0:09:25	0:16:20	0:33:55	1:14:54	2:36:44	63
64	0:04:41	0:09:17	0:16:07	0:33:28	1:13:53	2:34:38	64
65	0:04:37	0:09:09	0:15:54	0:33:01	1:12:53	2:32:35	65
66	0:04:33	0:09:02	0:15:42	0:32:35	1:11:56	2:30:36	66
67	0:04:30	0:08:55	0:15:29	0:32:11	1:11:00	2:28:40	67
68	0:04:26	0:08:48	0:15:18	0:31:46	1:10:05	2:26:47	68
69	0:04:23	0:08:41	0:15:06	0:31:23	1:09:12	2:24:57	69
70	0:04:19	0:08:34	0:14:55	0:31:00	1:08:21	2:23:10	70
71	0:04:16	0:08:28	0:14:44	0:30:38	1:07:31	2:21:26	71
72	0:04:13	0:08:22	0:14:33	0:30:16	1:06:42	2:19:44	72
73	0:04:10	0:08:16	0:14:23	0:29:55	1:05:54	2:18:05	73
74	0:04:07	0:08:10	0:14:13	0:29:34	1:05:08	2:16:29	74
75	0:04:04	0:08:04	0:14:03	0:29:14	1:04:23	2:14:55	75
76	0:04:02	0:07:58	0:13:54	0:28:55	1:03:39	2:13:23	76
77	0:03:58	0:07:53	0:13:44	0:28:36	1:02:56	2:11:54	77
78	0:03:56	0:07:48	0:13:35	0:28:17	1:02:15	2:10:27	78

跑力	1 英里 (1.6 公里)	3 公里	5 公里	10 公里	半程 馬拉松	全程 馬拉松	跑力
79	0:03:53	0:07:43	0:13:26	0:27:59	1:01:34	2:09:02	79
80	0:03:51	0:07:37	0:13:18	0:27:41	1:00:54	2:07:38	80
81	0:03:48	0:07:32	0:13:09	0:27:24	1:00:15	2:06:17	81
82	0:03:46	0:07:27	0:13:01	0:27:07	0:59:38	2:04:57	82
83	0:03:44	0:07:23	0:12:53	0:26:51	0:59:01	2:03:40	83
84	0:03:42	0:07:18	0:12:45	0:26:34	0:58:25	2:02:24	84
85	0:03:39	0:07:14	0:12:37	0:26:19	0:57:50	2:01:10	85

此「跑力表」摘錄自《丹尼爾博士跑步方程式》第三版的跑力表(頁91~92),找到跑力後可以用第 2 章的「訓練強度配速表」來找到自己的六種訓練配速區間。

　　話說回來,我們是如何很快地知道他體能上的優缺點呢?這有個前提,跑者要很明確地知道自己各項競賽距離的 PB。我們記得當時這位跑者說的 PB 如下表,第三列是從他各項距離的成績所對照出來的。

距離	1.6 公里	3 公里	5 公里	10 公里	半馬	全馬
近半年 PB	4 分 33 秒	9 分 09 秒	16 分 20 秒	35 分 54 秒	1 小時 20 分	3 小時 04 分
跑力值	66	65	63	61	58	52

圖表5·2　此跑者在各項距離的最佳成績與競賽跑力 [2]。

　　我們把上表畫成曲線圖(圖表 5·3),呈現左上向右下傾的斜線「\」:距離愈長,跑力愈低,這代表他的有氧引擎比無氧引擎弱很多。我們問

【注】2 競賽跑力是由比賽或測驗成績所對照出來的;即時跑力是 RQ 從配速與心率的數據由電腦程式所自動分析出來的。

他之前的訓練是否都以間歇為主？結果猜對了。「為了跑快點，的確都只練有強度的間歇，因為我覺得慢跑沒用。」他說。

我們指著這條斜線跟他說：「如果想進步，這條斜線要先變得『水平』一點」，意思是：「你的半馬成績要先練到 1 小時 17 分（跑力 61），全馬要練到 2 小時 41 分（跑力 61），之後再回去練間歇，10 公里的 PB 才比較有可能『健康』地突破」。上述那兩個目標都是跟他目前 10 公里 PB 所相對應的成績。如果他再繼續硬練高強度的間歇，曲線

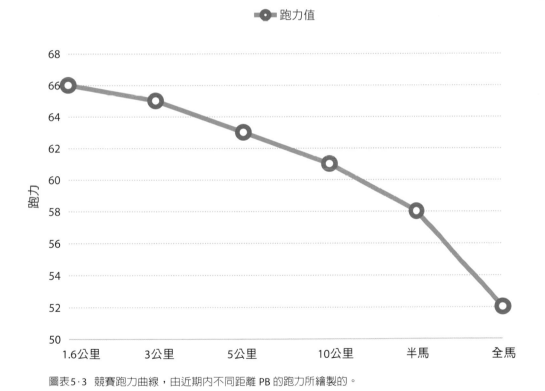

圖表5‧3　競賽跑力曲線，由近期內不同距離 PB 的跑力所繪製的。

會變得更加傾斜，很可能就會過度訓練或造成運動傷害。

　　反之，當不同距離的競賽跑力曲線呈「/」時，代表有耐力、沒速度，雖然馬拉松跑者可能會說：「我又不比短距離賽，沒速度有什麼關係」，但如果中短距離的成績沒有提升，長距離也很難有突破，試想：目前的馬拉松世界紀錄保持人，可以用每公里 2 分 54.6 秒的速度跑完 42.195 公里，如果某位馬拉松跑者的 5 公里跑不到 15 分（每公里 3 分速）以內，你想他有機會打破世界紀錄嗎？

　　沒有速度，長距離成績也會無法突破。所以競賽跑力曲線的意義在於協助跑者找到自己體能上的優缺點，進而調整之後的訓練方向，更具體的說，是調整未來在不同訓練強度的比重。

即時跑力讓你
即時掌握進步的幅度

　　競賽跑力有兩個缺點，首先是要等到比賽或測驗時才能知道自己是不是真的進步（或退步）了，跑力也只能在完賽後才能更新，可是有時候準備一場比賽要花上好幾個星期，全馬賽的備戰時間更長達數月，如果在訓練過程中想知道自己的跑力怎麼辦？如果找一天全力測驗或參加練習賽又會影響之後的訓練。

　　再者，競賽跑者一定要「全力」跑出來的成績才有意義，就算已用了九成力，只要不是全力跑出來的成績都沒有參考價值。但對於非專業跑者而言，很難在測驗或賽場中全力以赴，但是當教練要評估跑者的實力時，跑力這個數據又如此重要。因此我們發明了「即時跑力」。

　　過去一直沒有很好的工具讓我們「即時」知道自己的跑力。但在雲端技術的進步之下，目前已經可以辦到了。只要把跑錶上的數據[3]上傳到 RQ 網站，它就能依據你當次訓練的資料自動算出你目前的跑力；接著 RQ 會以跑者最近三十天內即時跑力的平均值算出當前跑力，再用它來分析跑者訓練時該用的各級配速。

【注】3 不管是哪一家品牌的跑錶，只要是副檔名為「.fit」、「.TCX」或「.GPX」的檔案都可以。

我們不諱言最扎實的進步方式是：在同樣的心率下跑出更快的配速。
而即時跑力就是就從這樣的概念所所推導出來的演算法。

對教練而言，即時跑力的好處在於不必再要求學員（跑者）憑籍不
可靠的記憶找出最近最好的成績，再去查跑力表。因為不少學員根本不
確定自己的最佳成績是幾分幾秒。過去我們的做法是全班帶出去測驗 3
公里（或 5 公里），而且要求大家全力跑，這樣測出來的競賽跑力才
準。知道大家的能力後才能幫學員開出個人化的訓練計畫。利用測驗找
跑力是假設每個人當天的狀況都很好，而且都很懂得配速，但大多數的
入門跑者，通常會在剛起步時跑太快，後面只能用步行或慢跑回來，這

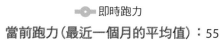

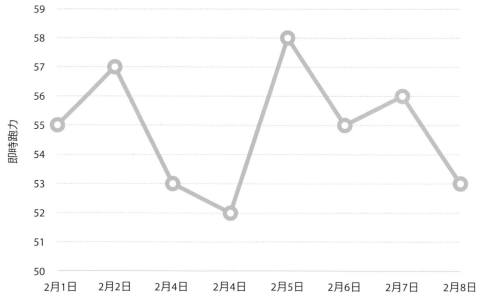

圖表 5·4　RQ 的「即時跑力曲線」可以看出跑者最近的實力變化，「當前跑力」是最近三十天
的即時跑力平均值，我們建議用它來當作訓練的配速標準。

樣測到的跑力值跟訓練配速根本不準，而我們又不可能叫學員「再跑一次！」。

有了即時跑力，跑者就可以用更簡單輕鬆的方式去掌握自己的能力。只要讓他戴上心跳帶去慢跑 20 ～ 30 分鐘，把紀錄上傳到 RQ 之後，馬上就可以根據剛剛的訓練找出跑力與各強度區間的配速，這對於害怕測驗與正在準備比賽的跑者而言，是確認進步幅度與課表效果的好工具！

在訓練的過程中，即時跑力並不會每天都往上爬升，也不會每天都維持在同樣的水平，很多時候甚至會往下掉。因為訓練量、工作量或生活壓力太大都會影響表現，因此使即時跑力出現上下浮動的情形。但只要規律訓練，加上正常的休息與飲食，即時跑力值的趨勢線大都會向上爬升。假若你在長期辛苦訓練下，即時跑力的曲線還是呈現下滑，那表示你要重新檢視訓練課表，很可能是肌力或技術訓練不夠所造成的。

即時跑力是如何計算出來的？

跑者可以善用即時跑力這項功能來隨時監控與了解自己的跑步實力。但在使用時有個前提，是跑者必須先知道自己的最大心率與安靜心率，在 RQ 中確認這兩個值是自己實際測量出來的（不能套公式），計算出來的即時跑力才會準確。

因為跑力值與其相對應的配速都是以平地為準，所以如果 RQ 偵測出你此次訓練時的總爬升或總下降幅度太大，此次的數據就會自動被排除，以下還有兩種情況數據也不會被採納：

其一：間歇訓練或訓練強度太高時。因為 RQ 主要是利用心率和配

速的線性規律，才能在較低的強度下找到相對應的跑力，但當強度太高時兩者的關係將變成非線性，就無法取得正確的即時跑力值。

其二：漸速跑或心率飄移太嚴重時。因為即時跑力需要 5 ～ 10 分鐘穩定的配速和心率才能進行估算，所以當心率或速度在短時間內變化太大時，RQ 會因為估算的誤差值太大而自動取消此次估算。

跑力與最大攝氧量差距愈小，
跑者的經濟性愈好

目前市面上跑錶所預估出來的「最大攝氧量」跟「跑力」之間有什麼關係呢？只要從兩者的定義就可以了解差異何在。最大攝氧量只是「體能強弱」的指標，而跑力是跑者「整體實力」的指標，所以前者一定會比跑力高，而且兩者相差愈少，代表跑步的經濟性愈好。但如果最大攝氧量比跑力值低，這代表跑者的跑步經濟性極為優異[4]。

以圖表5·5為例，藍色直條圖是某位跑者當月的平均最大攝氧量，綠色直條圖則是當前跑力。從該圖表中可以看出兩條愈來愈「靠近」的曲線，表示這位跑者的跑步經濟性在這三個月當中不斷向上提升。

所謂的跑步經濟性指的是使用能量的效率，當你能用愈少的能量跑出愈快的速度，就代表經濟性愈高。想要提升跑步經濟性有下列三種方法：

1. 使身體動力鍊變得強韌。

【注】4 關於這個論點，在《丹尼爾博士的跑步方程式》中有更詳細的論述：「我們的跑力值是根據跑步經濟曲線所推估出來的，所以假若實際上的最大攝氧量比我們判定的跑力來得大，代表跑者目前的跑步經濟性不佳，但如果在實驗室測出的最大攝氧量比跑力值低，這代表跑者的跑步經濟性比我們所評定的平均值來得高。」（摘自傑克·丹尼爾博士著；徐國峰譯：《丹尼爾博士的跑步方程式》，台北：遠流出版社，2014年11月出版，頁89）

2. 提升有氧引擎的效能 [5]。

3. 加強跑步技術。

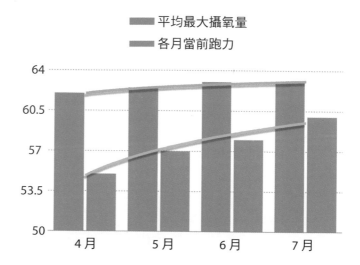

圖表5·5　當最大攝氧量和跑力的曲線愈靠近，代表跑者的經濟性正在不斷向上提升中。

　　動力鍊與有氧引擎都要花很長的時間才有辦法養成，但技巧可以透過有意識的訓練，在短短幾個月內就能看到效果，下一章我們將從力學的角度來說明跑步技術的重要性。

【注】5 跑者在使用身體的能量時，有更多的比例變成前進的動能 (較少變成熱能)。這一點已在第 1
　　　章詳細説明了。

跑者的動力鍊

人的身體並非由許多獨立運作的肌群所組成，各部的肌肉是由筋膜互相連結而成的系統。跑步過程中，身體上的每一個獨立的肌肉都要扮演好自身的角色，同時與其他部分配合，我們才能順利地往前跑。只要其中有某個部分跟不上其他部分運作的速率，就會拖垮整個系統，甚至導致崩潰。例如跑馬跑到一半小腿抽筋，其他肌肉再強大也沒有用。

我們身上的各塊肌肉就像鍊條的各個環節，整體的強弱與最堅固的環節無關，而是取決於最脆弱的一環。我們身體的肌肉也是一樣，它們並非一塊一塊各不相干，而是由肌筋膜連結在一起，互相作用，也互相牽制。

這即是「動力鍊」的概念。這也是為什麼那些職業跑者和自行車運動員看起來如此纖瘦，卻可以輸出這麼大的力量，因為他們的每一個動作都是用全身大部分的肌肉一起用力，而不是只用少部分肌群。

因此，我們認為「與其說是練跑者的肌力，不如說是在有負重下練動作」，動作對了，該練到的肌肉自然會用力，而且在練動作的過程中能學會跟其他肌肉一起「合作」，使全身的肌肉變成「一塊」肌肉。從這樣的觀點來看，健美選手所擁有的是「一塊塊」肌肉，那並非耐力運動員所追求的目標；反之，若看到跑者的肌肉開始塊狀化，也許正是訓練方向錯誤的警訊之一。

就像軍隊操練一樣，剛組成的部隊會像一盤散沙，軍容龐大而且每個軍人都很強壯，如果各自單打獨鬥也不會有高戰力，所以「團結」是需要訓練與整合的。訓練方式可以參考《體能！肌力！技術！心志！全方位的科學化馬拉松訓練》第 4 章，詳細介紹各種適合跑者的肌力訓練動作。

【第6章】跑步力學

【第6章】

跑步力學

學習力學與跑步技巧來提升跑步的經濟性

人類所有陸地上的運動項目可被歸納為「跑」、「跳」、「推」、「拉」、「摔」五類，所有運動的力量都來自於重力，沒有重力就無法移動。本章我們將從所有運動都適用的力學階層開始談起，接著再來談跑步的幾個力學要素。

目的是想讓大家了解，當我們從力學的角度來看跑步動作時，世間存在「標準跑姿」，那是一種在力學上最經濟的跑步姿勢。接下來從前傾角度、觸地角度、重力與推蹬之間的關係來說明。開始往下讀之前，請先花 10 秒鐘在腦中想像一下：月球上的太空人是怎麼跑步的？

1. 運動力學的階層

任何「移動」（movement）都是因為有「支撐」才會發生，而這個概念源自於重力，沒有重力就沒有沒有支撐，沒有支撐就不會形成體重，沒有體重肌肉就無法發揮作用，身體也就無法移動。最高層是「重力」，「移動」在最低層，「肌肉」在中間[1]：

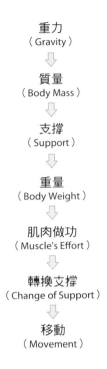

重力
（Gravity）
⬇
質量
（Body Mass）
⬇
支撐
（Support）
⬇
重量
（Body Weight）
⬇
肌肉做功
（Muscle's Effort）
⬇
轉換支撐
（Change of Support）
⬇
移動
（Movement）

　　移動當然需要肌肉，但它在「支撐」的層級之下；「支撐」是羅曼諾夫博士的核心概念，他所思考的任何運動都是以「你是用什麼『姿勢』支撐，好的支撐姿勢會產生有效率的移動」為基點，所以每一項運動的

【注】1 此概念摘自 Pose Method of Triathlom Technique, p.15。

技術研究重點在於：揭示其中最有效率的支撐姿勢分別為何，這即是羅曼諾夫博士「POSE METHOD」學說的核心概念。

　　在跑步過程中如果姿勢不良，有可能是習慣，也可能是體能不足、肌肉沒力或代償等其他原因。但你只要練對姿勢，對的肌肉與好的體能自然會跟上，因此「確認什麼才是最有效利用體重的姿勢？」將是跑步技術訓練的關鍵。

利用角度來判定
誰的跑步技巧比較好

從力學的角度來看，從靜止到移動是一種從平衡到失衡的狀態。平衡的定義是重心在支撐點的正上方；移動的定義則是重心離開支撐點後物體失衡的結果，失衡的方向即為物體移動的方向。

跑步時需要一直保持前傾嗎？

所以原地跑和向前跑最大的差別在於「落下」。原地跑時臀部始終在雙腳的正上方，前傾落下角度為零，不管擺臂再用力或步頻多快，都無法向前，只能原地跑。但是當跑者把身體的重心向前傾，就會開始向前跑。角度愈大，加速度愈快（前傾角度的定義可以參考圖表6.1，它是腳掌前緣到臀部的連線）。前傾的技巧可以說是跑步技術中最關鍵的部分。

既然我們需要前傾落下才能向前跑，那在跑步時需要一直保持相同的前傾角度嗎？

答案是「不用」。若是在 400 公尺的操場上進行比賽（或是在完全平坦的道路上進行馬拉松），技術優秀的菁英跑者需要加大的前傾角度

圖表6·1 左圖是最容易向前落下的關鍵跑姿 (平衡姿勢)；右圖是落下剛結束準備轉換支撐的姿勢 (失衡姿勢)。

只有在開賽前幾秒而已。從物理上來看，前傾角度愈大時，人體向前轉動的「加速度」也愈大。但在比賽時我們不可能一直加速，所以不用一直前傾。

如果有位跑者的 5 公里最佳成績都是 20 分，也就是平均步速是 4:00/km（時速 15km/hr），只要一超過這個速度很快就會失速變慢。想像一下：當他從靜止狀態開始起跑，初速度是 0，因此「加速」時他必須把臀部向前傾，一開始為了加速，角度會較大，直到目標時速 15 公里之

後就不用再加速了，此時跑者所要做的是盡量「維持等速」。

那此時還要前傾嗎？

要的。但不用像起跑加速時前傾得那麼多，此時前傾只是為了克服「維持速度時所產生的阻力」，這些阻力有三種：

1. 風阻：慢跑時當然不用考慮風阻，但從流體力學的公式來看：

風阻＝1/2 × 空氣密度 × 移動速度的平方 × 風阻係數 × 身體橫斷面積

速度加快一倍，風阻會成平方倍數成長，所以當你跑到時速 15 公里以上（4 分速）時，風阻很可觀。

2. 腳掌落地時與地面所產生的摩擦力。

3. 腳掌跨到身體前方時所形成的剎車效應。

在維持速度時，除了風阻是你無法減少的之外，摩擦力和剎車效應都可藉由跑步技巧來減低。所以在判斷兩位 5 公里最佳成績（PB）都是 20 分跑者的技巧時，可以看他們在跑步過程中誰的前傾角度比較小。前傾角愈小，代表他的跑步技巧比較好，因此產生的額外阻力比也較少。反之，另一位 5 公里 PB 也是 20 分但平均前傾角度較大的跑者，他的技術較差，但體能較好。

世界紀錄保持者的前傾角度

不管技巧好壞，人體在跑步過程中所能維持的最大前傾角度極限是 22.5 度。百米的世界紀錄保持人博爾特（Usain Bolt）在打破世界紀錄時，最後 60~100 公尺的平均前傾角度是 21.4 度，這是目前量測出最大的前傾角度。

我們再來看看長距離選手：目前 10 公里的世界紀錄是由衣索比亞的凱內尼薩 · 貝克勒（Kenenisa Bekele），於二〇〇五年八月二十六日在比利時布魯塞爾所創下的 26 分 17 秒 53（時速為 22.83 km/hr，步速為 2:38/km）。他在這個速度下的平均前傾角度是 17.3 度。當我們開始使用影像分析來研究其他菁英跑者的跑姿時，發現不少長距離跑者的平均前傾角度也是 17.3 度，但他們的步速只能跑到每公里 3 分多，離 2:38/km 還有一大段差距，為什麼呢？

　　這個令我們困惑的點，後來才知道答案其實很簡單，因為這些跑者的動作產生太多額外的阻力，抵消了前傾的效益，也就是落地時的摩擦力與剎車效應太大。當然，若他們的技巧（與腿長）都跟貝克勒一樣完美，理論上在 17.3 度的前傾角度下，應該說都可以跑出每公里 2 分 38 秒的配速，但能否維持就跟體能與肌耐力有關了。

　　因為大部分的跑者技巧都沒那麼完美，具體來說不完美的地方在於：

● 腳掌觸地時間太長，因此落地的摩擦力較大。
● 腳掌向前跨得太大步，離臀部過遠（觸地角度過大），因此剎車效應較大。

　　每一步只要落地就會因摩擦力而減速，但某些跑者在相同的前傾角度下，卻只能跑出較慢的速度，表示每一步減速太多。用數

圖表6·2　觸地角度。

據來說，觸地角度愈大，剎車效應愈明顯。

一位技術優良的馬拉松跑者，賽程中何時該加大前傾角度？其一，在起跑時（取得最初的加速度）加速達到自己的 M 配速；其二，減速進補給站後重新加速；其三，遇到上坡時。其他時間跑者只要維持小幅度的前傾，使身體能克服上述的三種阻力，維持前進的慣性即可。

3. 利用手機 APP 來量化
前傾角度與觸地角度

　　要確定自己是不是有前傾的動作，需要拍攝與錄影，感覺通常不會太準確，而且大部分的人會誤以為前傾是肩膀往前，但真正的前傾部位應該是臀部才對，肩膀和臀部應該盡量保持在同一鉛直線上。

　　透過攝影，你才能確定實際的跑姿是否符合力學標準。我們可以仔細觀看百米世界紀錄保持人的跑姿，他在前傾時，上半身保持挺直（肩膀在臀部的正上方），臀部前傾到支撐腳之前，膝蓋保持彎曲，不伸直推蹬。

　　現在智慧型手機非常普及，可以很方便地用它來攝影、定格與分析。目前有一款好用的 APP，可以協助你檢驗自己的前傾角度。

　　這款 APP 叫做 Coach's Eye，是一款運動技術分析軟體，不管是 IOS 或 Andriod 系統都可下載來使用。這個軟體好比你的跑姿放大鏡，可以讓你一幀一幀地檢視自己的動作，所謂「一幀」是指一個影格，簡稱為「1 FPS」。傳統的電影膠片是用每秒二十四幀來拍攝，意思是每秒記錄二十四格畫面。若你使用 iPhone 6 以上的機型，這個軟體最多可以選擇到二百四十幀，也就是說，你可以把自己在一秒內的動作分解成二百四十張照片，一格一格地播放來看。若用 30FPS 拍攝，代表 1 秒可

記錄三十張照片，以步頻 180spm 的跑者來說，每秒跑三步，所以每一步都可以拆解成十張照片來分析 [2]。

圖表6·3　截自 IOS App Store	圖表6·4　在這款 APP 上可以用不同畫素和影格來拍攝

　　圖表6·5、6·6是拍攝完後的分析畫面，畫面底部的白色直線即是每一幀的間隔，用手指（或觸控筆）每往右拉動一條格線，代表移動一幀。你可以逐格拉動來檢視自己每一幀的跑姿。當腳掌即將離地時，點

【注】2　spm, step per minutes，每分鐘的步數，是常用的步頻單位。每分鐘一百八十步，等於每秒三步，每步花三分之一秒，所以每一步在 30FPS 的拍攝下可以拆成十張照片、60FPS 可拆成二十張；240FPS 則可拆成八十張照片。

選右方功能表中「黃色九十度角」的圖案，就可以在螢幕上畫出前傾角度。

　　從圖表6·6可以看到跑者的前傾角度是17度，當時只跑出3:20/km的速度。前面提到10公里世界紀錄保持人的前傾角度是17.3度，能維持2:38/km的速度。這表示跑者在技巧上還有很大的進步空間，最大問題是觸地角度太大了（見圖表6·5可知是11度），再來是觸地時間太長，以及步頻過慢造成的（這兩點會在下一章仔細說明）。

圖表6·5　腳掌落地的位置離臀部愈遠，所造成的剎車效應愈大。我們稱它為觸地角度，最佳的觸地角度是在10度以內。觸地角度愈小，臀部通過腳掌的速度愈快，阻力形成的時間愈短，因此跑步的經濟性也愈高。

圖表6·6　當騰空腳的腳掌（圖中右腳掌）通過支撐腳的膝蓋（圖中左膝）時，從臀部拉一條線到支撐點（腳掌前緣），再從支撐點對地面做一條垂直線，這兩條線的夾腳就是所謂的前傾角度。前傾角度愈大，加速度愈大，加速度愈大，對身體的負擔也愈大，所以技巧好的跑者在維持速度時反而無須太大的前傾角度。

作用在跑者身上的兩種力：
重力與地面反作用力

現在從椅子上站起來，微蹲後用力向下蹬，這就是跳躍的動作。發揮一下想像力，如果此時地球忽然失去重力，我們用力一蹬地會發生什麼事？你絕對不會想在家裡做這件事，因為你會立刻向上飛去，撞到家裡的天花板而腦袋開花。為了保護我們的腦袋，先從家裡（或辦公室）跑到戶外去，在沒有重力的情況下辦得到嗎？

事實上，在沒有重力的情況下不管怎麼施力都無法向前跑（連移動半步都不行）。再思考另一種有趣的情況，當你正以時速 15 公里向前跑的情況下，地心引力忽然消失會發生什麼事？此時身體仍會繼續向前移動，但不管你怎麼做「都無法再加速」，推蹬地面會加速嗎？不會，它只會使你開始離開地球表面。

當我們從完全沒有重力的情況下思考，就會了解「想要在水平方向移動，就必須要有重力存在」，但向上移動，不用重力也會發生。所以推蹬可以向上移動，但卻無法前進。

加速度來自重力，而非摩擦力

在跑步的過程中，跑者的身體主要會承受兩種外力，分別是「重力」

（綠色箭頭）和「地面反作用力」。地面反作用力主要是向上的力，雖然也有水平分力，但它要是做為支撐腳的摩擦力之用，並非用來前進。就像下圖中的黑色棍子（失衡）向前倒時，若地面光滑到完全沒有摩擦力，重心就會無法前移，直接落在原本的支撐點上；但如果支撐點的摩擦力夠大，大到不會滑動時棍子就能順利向前轉。

圖表6.7 跑者能加速是因為重力使身體繞著支撐點轉動，角度愈大，轉動速度愈快。好的跑姿是臀部前傾，上半身打直（圖左）；若肩膀過度前傾，身體為了平衡，重心與雙腿都會滯留在後方較久的時間，使得剎車時間延長（圖右）。

跑者的身體像圖中左側的棍子，臀部向前傾時，腳掌上的摩擦力必須隨之增加才能形成穩固的支撐點，若地面與鞋面間的摩擦力不夠，腳掌就會滑動，前傾角度也會無法加大。這也是為什麼在光滑的地面上會跑不快，不是因為無法推蹬，而是因為摩擦力不足使得前傾角度無法增加的緣故。

有了穩固的支撐點之後，身體才能順著重力繞著支腳向前轉動，前傾角度愈大，轉動的速度也愈快；角度愈大，支撐腳上的摩擦力也愈大，肌肉的負擔也隨之增加。所以，摩擦力並非跑者的動力來源，重力才是；摩擦力是用來形成穩固的支撐點，有了穩固的支撐點，前傾角度才能加大，速度也才能加快。

摩擦力是從重力來的，沒有重力就沒有摩擦力。摩擦力的定義是：一物體在另一物體表面上滑動或將要滑動時，兩物體在接觸面上會產生阻止相對運動的作用力，此力與欲運動的方向相反。也就是說，它只發生在「腳底」和「地面」，是一種阻止前進的力。我們不是靠摩擦力前進的，摩擦力的功能是使跑者創造更大的前傾角度（這也是釘鞋被設計出來的目的）。試想看看，在前傾角度是零的狀況下跑步（原地跑），不管摩擦力再大，「加速度還是零」。大家應該可以想像原地跑時的地面反作用力全都是垂直向上。

跑步其實就像是上圖中不斷向前傾倒的棍子，只不過人可以在跌倒前把後腿往前「拉」，再回到下一次的支撐與傾倒。所以如果我們要製作一台會跑步的機器人，不用設計推蹬的肌肉，也不用創造更大的對地摩擦力，最重要的設計是把重心後方的部位（後腿）快速「拉回」到臀部下方，回到平衡姿勢，接著再度失衡，失衡就是移動。失衡的速度愈快，加速度愈大，所以加速的重點是「前傾的落下角度」與「加快拉回的速度」。

跳遠 vs 跑步：推蹬的優缺點

　　沒錯，推蹬還是可以有「一些」幫助，但代價很高。我們先思考：跳遠跟跑步的差別在哪裡？

　　跳遠選手比的是「看誰最後一步飛出最遠的距離」，最後一步要夠大，就必須在空中停留久一點，所以跳遠的最後一步要用力「向上」推蹬。推蹬時主要的分力是向上[3]，騰空時間會增加，飛得更遠，步幅當然也會比較長。

　　跑者的目的是在各種距離中有效跑出最快速度。這兩種運動的目的明顯不同。在跑步時推蹬的確可以加大步幅，但騰空時無法加速，而且把全身的體重向上移動要花費很多力氣，既然前傾就有加速度與步距產生，為何要浪費多餘的力氣來推蹬呢？此外，身體向上位移愈多，向下落得愈重，許多運動傷害也因此產生。推蹬動作還會延緩後腳收回來的時間，因此重心會有較長的時間跑到身體後方，造成更嚴重的剎車效應。

　　增加步幅是推蹬唯一的優點，但反過來想，只要把腳掌拉起來，利用本有的速度慣性也會有步距，何必為了一項優點硬吞下其他不好的缺點呢？跳遠爭的是最後一步誰跳得遠，所以當然要為了這項優點來努力，但跑步的目的不同，施力的重點也不同。

　　對跑者來說，加大步伐不如快速轉移重心跟提高步頻來得有效率。加速是靠前傾和快速把腳拉回來，所以在身體後方所做的動作都是沒意義的。

【注】3　當然還是可以增加摩擦力，但摩擦力大到能夠維持穩固的支撐點就夠了，再加大也沒有用。

推蹬的定義

　　「推蹬」的定義是：「伸展踝、膝、髖三個關節，主動對地面用力」，因為落地時身體要對地面做功，所以關鍵是主動與被動的差別。舉個例子來說明，一般商家的店門口會標示「推」或者「拉」的指示牌，有些人看到「推」時，會下意識主動伸直手臂去推門，但有些人是手臂沒有伸直，只用手掌撐著握把，繼續往前走用身體的重量去把門推開，此時手臂的肌肉也有用力，卻是被動用力。前者伸直手臂是主動，後者用體重把門推開是被動。轉換成跑步的話，膝蓋伸直是主動，膝蓋保持彎曲身體自然往前傾是被動。但很多人把落地衝擊的地面反作用力當成推蹬，那就不對了，因為落地衝擊就如同一顆高爾夫球從空中自由落下再彈起，彈起瞬間的反作用力是被動自然產生的，不能當成推蹬。推蹬的動作主要是發生在需要向上騰躍的運動，像是籃球、排球、跳高與跳遠等三關節的伸展動作。

5. 在月球上跑步比較快嗎？

　　NASA 在一九六八年登陸月球前就做過類似的實驗，在〈比較人類在地球和月球不同重力下走路與跑步之間步態的差異〉[4] 這篇研究中有三個跟跑步有關的結論：

- 在地球重力下的衝刺跑速度比月球快很多。
- 在月球上跑步時身體要更向前傾，手腳的擺動幅度也要比較大（為了平衡前傾的身體）。
- NASA 建議太空人在月球上移動要以跳躍動作為主，會比較節省體力，用走路或跑步反而會比在地球上還費力。

　　NASA 為了要確定太空人在月球上怎麼移動比較省力（比較節省氧氣），而在登陸前做了這項實驗。實驗證實相同的速度下，在月球上跑步比跳躍前進費力。所以後來設計的太空裝也比較適合跳躍前進。

【注】4 "COMPARATIVE MEASUREMENTS OF MAN'S WALKING AND RUNNING GAITS IN EARTH AND SIMULATED LUNAR GRAVITY" by Donald E. Hewes, Amos A. Spady, Jr., und Randall L. Lungley Research Center La Hgley Station, Hampton, Vu. NATIONAL AERONAUTICS AND SPACE ADMINISTRATION WASHINGTON, D. ?- JUNE 1966.

在月球重力下的跑者很難跑出跟地球上一樣的速度,而且跑姿會顯得非常怪異,重心要變得非常前傾才能跑到相同的速度。正因為月球的重力只有地球的六分之一,所以要在水平方向上加速到相同的速度就必須更前傾。這正是關鍵所在。

在月球上跑步加速較地球上慢這件事同時也證實:我們跑步時向前進的加速度,並非來自腳上的地面反作用力,而是來自於重力加速度。

前面提過跑步加速的原理是「重心繞著支撐腳轉動」,腳掌是支撐點,臀部是重心,轉動的速度愈快且角度愈大,加速度就愈大,但因為月球上的重力加速度太小,所以轉動的速度很慢,自然跑不快;第二個原因是,在月球上很容易騰空(或是說垂直振幅比較人),所以兩次支撐的時間隔很久,沒有支撐就沒有加速度,所以在月球上很難加速,若要從靜止狀態開始起跑衝百米的成績絕對會慢很多。這也是為什麼跑得快的跑者垂直振幅(Vertical Oscilation, VO)都比較小,因為要快一點回到地面上才能再次加速。

在月球上跑步的步頻(Cadence, Cad)快不起來,原因是重力加速度太小,騰空後無法即時把人「拉回」地面,所以人在空中的時間會比較長,使得轉換支撐變慢(步頻變慢),加速度也變慢。相對來說「步頻快,沒有花太多騰空時間」的方式較佳,但這件事在月球上很難做到。

NASA 從太空人在月球上跑步的研究所推出的結論跟我們一樣:不管是哪一種距離的跑者,都不會利用推蹬來增加騰空時間,對地面施力只要夠支撐體重即可,就像在騎腳踏車時對踏板施多的力會使身體上下起伏一樣,多的力是不必要的。換句話說:步頻愈快,利用重力的頻率愈高,支撐時的地面反作用力愈小,對肌肉、骨頭、關節和其他結締組織的衝擊也愈小。如果在支撐(腳掌著地)時主動對地面用力,不但會

增加下肢的負擔，提高受傷的風險，還會降低步頻，進而使得重力的利用率降低，自然是沒有效率的跑法。

在跑步的過程中，肌肉的功能主要在於支撐體重與拉回來形成下一次的支撐。我們在跑步時唯一需要「主動」做的，只有快一點把腳拉回臀部下方，轉換支撐的時間愈短，角速度[5]愈快，速度自然就變快了。肌肉對地面用力可以加快速度是「幻覺」（illusion），加速度是從重力來的，我們只要快一點把腳拉回臀部下方，同時增加支撐時的前傾角度，跑速就會變快。

現在我們已經知道答案了：在地球上衝百米比在月球上較快。這是標準答案，每個人都會是一樣的結果。在月球上可以創跳高的世界紀錄，但百米衝刺的成績絕對是在地球上跑比較快。

【注】5 角速度（ω）＝前傾角度（θ）÷ 通過角度的時間（t）；而跑者前速的速度（V）＝角速度（ω）× 腿長（R）。因此，跑者的速度 V ＝ θ × R/t。所以角速度要快，速度才會快，而角速度要快的關鍵在於「前傾角度大」或「通過前傾角度的時間要短」，後者的關鍵在於前腿不跨步，因為一跨步就會使得身體向前轉動的時間拉長。

不刻意跨步也可以跑出長步幅

　　許多跑者常會犯一個嚴重的錯誤：過度跨步。這是當腳掌跨到臀部之前落地，就會形成剪應力（Shear Stress），而剪應力是造成膝關節受傷的主因。試想一根筷子垂直於桌面撐著，手掌用力從頂端往下施壓，由於沒有水平剪應力，因此筷子不易折斷。但是當竹筷子斜撐在桌面，你的手掌仍由上向下逐漸加壓，它就會從中折斷。

圖表6·8　過度跨步會使腿部承受額外的壓力，絕大部分的運動傷害都是由這個動作所造成的。

同樣的道理也發生在跑步落地時，當你的腳掌落在臀部的正下方，就像一根筷子直立在桌面上，垂直向下的衝擊力與腿部的力學結構平行，因此不會有剪應力產生，但當你的腳跨出去的幅度加大，落地點跑到臀部（質心）前方，向前跨得愈遠，剪應力就愈大，傷害發生的機率也就愈高。由於膝蓋剛好位在大腿與小腿的接合處，當剪應力發生時就會造成不當滑動，引起摩擦和拉扯，所以跑步所造成的運動傷害，最常發生在剪應力最大的膝蓋。圖表6·8的示範動作就是腿部最容易受傷的跑法。

　　但不少人擔心「不跨步，步幅不就會變得很小嗎？」

　　只要我們知道步距長短的三項成因，就可以了解這樣的擔心是多餘的，這三項成因分別是：

1. 前傾角度：角度愈大，向前落地的距離愈遠。

2. 腳掌拉起後離地的高度：腳掌離地愈高，落地的空間變大，自然能飛騰出較遠的距離。

3. 慣性：雙腳皆離地後，失去支撐，此時沒有任何加速度，除了空氣阻力之外，身體前進保持慣性速度，此慣性速度是由支撐期前傾時的加速度所「加」出來的。

　　比如某位跑者前傾15度，加速到每公里3分半速，此時腳掌離地的高度自然就高，每步才有辦法飛躍出1.6公尺。想像一下：若這位跑者的腳掌最高只拉高到腳踝的話，有可能每步飛躍出1.6公尺嗎？（步速每公里3分30秒 = 285.71公尺／分鐘，假設此跑者的步頻是每分鐘180步，每步1.6公尺）。

老子說：「企者不立，跨者不行」（《老子》第二十四章）。白話的意思是踮起腳跟反而站不久，大跨步前進反而跑不遠。「無為而無不為」，不刻意跨步，反而可以跑出較長的步幅，這其實就是順應自然的道理。

7. 阿基里斯腱是腳上的天然彈簧

　　許多跑者認為前腳掌著地是一種「主動」的行為，導致在落地時過度刻意用前腳掌撞擊地面，但這樣反而會增加下肢受傷的風險。避免此情況出現的要領是：讓腳掌自由落下，使腳掌剛好落在臀部正下方，而且落地時膝蓋微彎。這樣的落地方式會使下肢自然（被動）地利用地面反作用力，就像高爾夫球向前彈跳一樣，不用刻意拉腳掌就會自動上彈。

　　而且，我們天生就有這種利用地面反作用力的跑步裝備──阿基里斯腱（又稱跟腱）。阿基里斯腱在落地時可以吸收衝擊，這個過程如同彈簧被外力拉長而變形，儲存彈性位能，接著自動收縮形成彈力。阿基里斯腱被拉得愈長，彈力也就愈大。所以有些穿著「厚」鞋跟的人，阿基里斯腱被迫縮得很短，長期下來就會失去彈性，跑步的效率也會減弱，還會造成阿基里斯腱和足弓的傷病。許多長期穿著高跟鞋的女性也會有相同的問題。

　　貝恩德・海因里希（Bernd Heinrich）博士在《為何跑》（Why We Run）這本書中，談到阿基里斯腱在演化學上的論點，跟羅曼諾夫博士的研究結果相符，他們都發現阿斯里斯腱是用來吸收與釋放落地衝擊，它是哺乳類動物能有效利用落地反作用力的設計，也就是說阿基里斯腱

讓我們跑起來更有效率。在《天生就會跑》這本書中也有引用演化學家的論述：

> 黑猩猩是研究最好的起點，因為牠們不但是典型的行走動物，也是最接近我們的物種。我們分頭演化了六百萬年後，我們與黑猩猩相同的基因序列仍然高達百分之九十五。但布蘭博指出我們與黑猩猩仍有些不同，其中之一就是連接小腿與腳跟的阿基里斯腱，這是人類獨有、黑猩猩沒有的組織。另外我們的腳也跟黑猩猩大不相同：我們有足弓，黑猩猩沒有[6]。

跟其他絕大部分的哺乳類動物相比，最人的差異是只有兩條腿。其他也是兩足移動的哺乳類動物，像澳洲的袋鼠（kangaroo）、非洲的跳兔（Springhare）、北美洲的跳鼠（jumping mice）與亞洲的沙鼠（gerbil）等，有趣的是，除了人類以外，牠們在快速移動時都是「用跳的」。

我們先來思考一下牛頓第三定律：作用力等於反作用力。因此你落下的力道愈大，地面反作用力就愈大。但有了阿基里斯腱後，你以前腳掌落地時，它會像是拉開的弓弦一樣伸長，「吸收」地面反作用力的衝擊，伸長之後緊接著就如同拉弓放箭的那一刻，快速把吸收的能量釋放到向上的彈力。

阿基里斯腱是人類全身上下最大的肌腱，它的主要功能，是用來吸收著地的衝擊力，使腳掌與小腿向上彈起。它是一種既長又有彈性的組織，連接小腿肌和腳跟的骨頭，可以儲存和釋放能量到每一步當中。如

【注】6 克里斯多福‧麥杜格著；王亦穹譯：《天生就會跑》，台北縣：木馬文化事業，2010 年 4 月，頁 273-274

果你不把它誤用在推蹬上，它將能輕易地支撐你整個跑步生涯。附帶一提，若是用腳跟先著地的話，這項經過數百萬年演化而來的精巧設計，就無法運用在你的跑步動作中。

虎克定律：彈力 F=-Kx
跟腱愈柔軟，腳掌愈長，落下的空間 (x) 愈大，腳掌上彈的力道愈大

圖表6·9　阿基里斯腱的彈性愈好，跑步效率也會愈高。

圖表6·9 想呈現的是物理虎克定律在跑者身上的意義：

彈力 $F = -Kx$，

F ＝彈簧所受到的力，

K ＝彈簧常數，又稱勁度係數，

x＝彈簧的變形量，在這邊是指阿基里斯腱被拉長的幅度，也就是它的伸長量，

負號代表彈簧的彈力和伸長量的方向相反。

前傾角度愈大，阿基里斯腱自然會被拉得愈長（x變大），腳掌被彈得離地面愈遠，腳掌離地的高度將決定步幅的大小，所以這也是為何前傾會增加步幅的另一項原因。從這點我們也可以了解，就算是腳跟先著地，因為臀部最終還是會跑到腳掌前面造成前傾，所以也能利用到阿基里斯腱的彈性，但利用的效率當然比直接用前足著地要差得多。

此外，阿基里斯腱愈柔軟，腳掌愈長，桿杆（R）愈長，落下的空間（x）愈大，因此腳掌上彈的力道愈大。這也是世界上彈跳能力最好的袋鼠，需要有強韌的阿基里斯腱與一雙大腳掌的原因。

雄性袋鼠最快可跑到時速 50 公里以上，最主要的原因是牠的腳掌很長（成年男性腳掌長度的兩倍以上），阿基里斯腱也非常粗壯有力，所以能把落下的衝擊力有效轉化成彈性位能，使牠在高速彈跳下所需的能量大幅減少。

人類在跑步時，是經由阿基里斯腱「被動」拉長與收縮的過程來提高跑步的經濟性。這個過程其實就是重複「吸收落地衝擊」到「釋放彈性位能」的機制。愈能有效利用這種天生的機制，跑起來也就愈有效率，但腳跟著地的跑法則完全放棄這種天生的能力。

因此對跑者來說，鍛鍊阿基里斯腱的勁度（K）是很重要的，跑步落地瞬間的衝擊力最高可達三倍體重，如果勁度不夠，就跟你拉扯的力道超過彈簧的極限一樣，會造成阿基里斯腱拉傷。

腳上彈簧（阿基里斯腱）的勁度愈大，腳掌落地後的反應也會更靈敏，反應在跑步技術上代表的是「觸地時間愈短」。換成彈簧的力學公

式來說：觸地時間愈短代表彈簧常數（K）愈大，在相同的阿基里斯腱伸長量下，若K愈大，彈回的力道F也愈大，力與加速度成正比（F=ma），因此彈簧被拉長後收縮的速度也會愈快（回復到原本長度的時間較短）。

錯誤的步態定義，
不該再被延用

傳統上的跑步教學理論，還是遵循著英國人傑弗瑞·戴森（Geoffrey Dyson）在一九六〇年代於《運動力學》（*Mechanics of Athletics*）中所設立的模型，根據戴森的定義，他把跑步動作分解為三個階段：

- 「支撐期」（support）：腳掌與地面接觸後支撐身體重量與承受落地衝擊。
- 「推進期」（drive）：下肢推蹬地面，創造前進動力。
- 「騰空恢復期」（recovery）：雙腳騰空時，放鬆讓肌肉恢復。

現在，體育系的教科書也是引用這樣的定義，但在這項傳統定義中「把下肢肌肉當作跑步前進主要力量來源」的觀念是錯的（這一開始本來就只是戴森的假設，卻被一直延用至今），這樣的定義會使教練和跑者在訓練過程中特別強調「推蹬」的訓練，但事實上，科學家使用儀器觀察世界菁英跑者的步態後發現：在戴森所定義的推蹬期，主要的推蹬肌群——股四頭肌根本沒有用力做功，它使力的階段反而是在支撐期（承受落地衝擊與支撐體重）。羅曼諾夫博士指出：「這其實在一九九

法尼亞州立大學（Penn State University）的研究團隊進行，他們使用肌電圖感應器來檢測跑步中的肌肉活動。最終他們的研究結果顯示，在跑步推進期中，下肢的伸肌（主要是大腿的股四頭肌）並沒有被啟動。

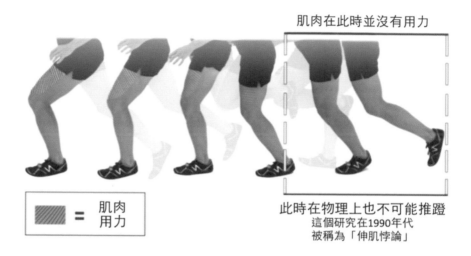

肌肉在此時並沒有用力

= 肌肉用力

此時在物理上也不可能推蹬
這個研究在1990年代
被稱為「伸肌悖論」

圖表6‧10　伸肌悖論（摘自《羅曼諾夫博士的姿勢跑法》，台北：臉譜出版社，2015年出版，頁126)。

　　九○年代就已經被「數據」證明的事，只因傳統的意識型態太根深蒂固而無法改變。經過羅曼諾夫博士長年的教學與推廣，世界上的跑者與教練們才開始逐漸接受「跑步的前進動能主要是來自於重力，而非自己的肌肉」，肌肉只是用來支撐體重、承受落地衝擊與把後腳拉回臀部下方。

　　若要把台灣歷史上最優秀的四位跑者列出來，我們馬上會想到許玉芳、許績勝和吳文騫與蔣介文，因為直到二○一五年，台灣的長跑紀錄幾乎全由他們四位包下。

女子的長跑紀錄基本上全由許玉芳包辦，包括 5000m、10000m、半馬和全馬，其中半馬與全馬的紀錄都是在二〇〇四年創下的，也就是說，台灣的長距離女跑者們已有十一年無法打破她的紀錄。台灣男子的長距離項目也卡關很久了，5000 公尺的紀錄，是在二〇〇二年由吳文騫所創下（成績是 13:54.42）；10000 公尺的紀錄是在一九九五年由許績勝所創下（成績是 29:12.10），全馬的紀錄也是由許績勝所保持（成績是 2:14:35），這個紀錄更是诔在一九九三年所創的。

　　近期有所突破的長跑紀錄只有蔣介文，他在二〇一五年一月，於日本香川丸龜半程馬拉松賽，以 1 小時 03 分 46 秒破了台灣半程馬拉松的最佳紀錄。

　　個人包辦的現象凸顯了台灣跑步整體實力的衰弱。跑者黃政達也在〈台灣田徑界的隱憂〉一文中提出疑問：「常常出現某個項目某個名將的七連霸、八連霸……，這實在不是什麼好現象，這是否意謂台灣每七年或八年，才會出現一個勉強上得了檯面的田徑明星？」

　　台灣的成績突破不了，並不是跑者不努力，努力訓練的跑者大有人在，我們觀察到的主因是：很少選手懂練「跑步技術」這件事。由於不了解，所以也不知該怎麼練。接下來，我們將針對跑步技術的量化與訓練方式做討論。

如何量化跑步技術

【第7章】

用幾個關鍵指標來判斷跑步技術是否進步

有些人的最大攝氧量很高，但卻沒在長距離項目上跑出好成績，主因即是跑步技術欠佳，但欠佳的是哪一個部分，在過去只能藉由教練的經驗來分析出需要改進的部分。跑步技術是最難量化的，難的不是科技的限制，而是觀念，許多跑者不認為跑步需要技術，因為跑步人人都會，所以沒有技術可言。接下來我們將用數字來證明跑步技術的存在。

1. 10公里世界紀錄進步史

過去 10 公里的世界紀錄，曾經有二十八年都是由芬蘭人所保持（一九二一～一九四九），從一九二一年芬蘭人帕沃‧魯米（Paavo Nurmi）創下 30 分 40 秒的世界紀錄，之後進步一直都很緩慢，直到一九三九年才出現第一個打破 30 分大關跑者戴思多‧梅基（Taisto Mäki），他也是芬蘭人，成績是 29 分 52 秒；這個紀錄懸了五年，才被他的同胞以 29 分 35 秒的成績打破。

到了二〇〇五年，世界紀錄已經推進到 26 分 17 秒 53，直到十一年後的現在都還沒有人打破這個紀錄（目前台灣的紀錄是由許績勝所保持的 29 分 12 秒）。目前的世界紀錄保持人肯內尼薩‧貝克勒（Kenenisa Bekele），身高才一百六十五公分，甚至比第一個打破 30 分入關的泰‧梅基 （Taisto Mäki ）還要矮了八公分，貝克勒的 10 公里成績足足比梅基快了 3 分 40 秒，但這兩人的最大攝氧量和乳酸閾值都差不多，這 3 分多鐘的差距是從哪來的呢？

答案正是「跑步技術」。

除非基因改造，否則人類最大攝氧量的極限和乳酸閾值的濃度在千年以內很難有重大突破[1]，想要再破紀錄，方向很明確：提升自己的跑步技術。但怎麼知道自己的技術有沒有進步呢？下面介紹幾個重要的技術量化指標。

【注】1 目前最大攝氧量世界紀錄保持人是來挪威的奧斯卡‧斯文森，他的紀錄為 97.5 ml/kg/min。

2. 想提高配速，先縮短觸地時間

　　跑步時的每一步都可分騰空期與觸地期，主要的摩擦力來自於觸地期。腳掌的觸地時間愈短，落地後所產生的摩擦力也愈小。換句話說，每一步所花的時間之中，觸地時間愈短愈好。

　　我們曾用軟體一一分析了目前幾位男子世界紀錄保持人的技術數據，發現一個很有趣的現象，競賽距離愈短，腳掌的觸地時間也愈短，而且成正比關係（圖表7·1），也就是說，馬拉松世界紀錄保持人丹尼斯·基米托（Dennis Kipruto Kimetto）的觸地時間，是所有田徑項目中最長的，達162毫秒之久；百米世界紀錄保持人博爾特（Usain Bolt）的觸地時間最短，只有78毫秒。

　　平均來說，一般跑者八成以上的觸地時間都會超過200毫秒。如果你想提高速度，縮短觸地時間是非常重要的訓練方向。圖表7·1中的數據可以當成各類跑者的參考指標，比如說你是練短跑的，若衝刺時的觸地時間在100毫秒附近，那一點競爭力都沒有，此時不管體能、肌力練得再強大，速度都很難再提升，訓練重點反而要放在縮短觸地時間上。

　　那要怎麼縮短觸地時間呢？提高步頻就可以了嗎？沒有那麼簡單。

　　前陣子一位朋友分析跑步動作時，發現他以馬拉配速（M配速）訓

項目	紀錄	姓名	配速 （分鐘 / 公里）	觸地時間 （毫秒）	騰空時間 （毫秒）
100m	9.58 秒	Usain Bolt	1:35.8	78	156
200m	19.19 秒	Usain Bolt	1:35.95	78	156
400m	43.18 秒	Michael Johnson	1:48	80	160
5,000m	12:37.35	Kenenisa Bekele	2:31	130	155
1,0000m	26:17.53	Kenenisa Bekele	2:38	130	155
半程馬拉松	58:23:00	Zersenay Tadese	2:46	135	150
全程馬拉松	2:02:57	Dennis Kimetto	2:55	162	162

圖表7‧1　各項跑步世界紀錄保持者的配速、觸地時間與騰空時間的關係。

練時，步頻可以達到 200spm（每分鐘 200 步，每步費時 300 毫秒），但觸地時間就占了 230 毫秒，騰空時間只有 70 毫秒。此時他要做的不是延長騰空時間，那樣會變成蹬地跑，垂直振幅會變大；他要練的是縮短著地時間才對。

　　雖然他的步頻很高，看起來很有效率，但觸地時間太長，效率都被吃掉了。因為觸地時的腳掌處於靜止狀態，此狀態就會拖到身體前進的速度，所以觸地時間愈短愈好。由此，我們也可以發現高步頻並不等於有較短的觸地時間。觸地時間與步頻應是兩個獨立的數值。

圖表7‧2　5 公里節奏跑課表練完後的數據。

- 步頻：179 spm （每步 335 毫秒）
- 觸地時間：201 毫秒
- 騰空時間：134 毫秒 （335-201）

　　以上是跑者 A 跑了一趟節奏跑 5 公里的數據，先不論跑步成績，跑步技術數據離頂尖水準還有一大段差距。一般跑者在 180 spm 步頻下的觸地時間大都落在 220~250 毫秒之間。雖然跑者 A 的數值是 201 ms，似乎還不錯，但世界級全馬跑者的觸地時間是在 160~170 毫秒之間（5 公里跑者可以再縮短到 130 毫秒），也就是說，頂尖跑者很少超過 180 毫秒。所以就這項數據而言，還有很大的進步空間。

　　在相同的步頻下，只要觸地時間縮短了，騰空時間自然會增加。以步頻 180 spm 為例，每一步會花 333 毫秒（60÷180=0.333 秒）。把 333 毫秒的時間想像成一個圓餅圖，我們希望藉由訓練盡量減少觸地時間的面積，而且從世界紀錄保持者的數據發現，長跑者觸地時間的極限是 130 毫秒。這讓 5 公里跑者有一個方向：縮短到 130 毫秒就夠了。

觸地騰空比

　　觸地騰空比 ＝觸地 ÷ 騰空，這個值愈小代表技術愈好。在跑 LSD 或節奏跑時，跑到後來的觸地騰空比都會愈來愈高，少部分跑者也會感覺到腿愈來愈重。有些跑者是心率比觸地騰空比先提高，但大部分的跑者則是觸地騰空比在心率提高前就上升了。前者應該加強低強度的有氧訓練，把底打好，後者則該加強跑步技術。

縮短觸地時間的方式

觸地時間無法只是透過單純練跑或提高步頻來縮短，而必須進行針對性的訓練。我們先要知道觸地時間太長的原因有：腳跟先著地、跨步跑、推蹬或阿基里斯腱靈敏度不足。前三項是技術問題，可以從跑姿上來調整，但最後一項則必須特別針對彈跳能力來訓練。訓練方式有下列四種：

1. 跳繩：建議每次訓練前可以練跳繩 1 分鐘三組到五組（膝蓋微彎，彈起時不要伸直膝蓋），進階動作要改成單腳彈跳。

2. 後腳抬高單腳彈跳。

3. 馬克操中的 A-Skip、B-Skip。

4. 丹尼爾博士所定義的快步跑（Stride）與 R 配速都是訓練跑者阿基里斯腱力量與回彈速度的方式。

體能的高低可以從最大攝氧量看出來，頂尖的長跑選手通常都在 70~90ml/min/kg，這是生理上的數據，受限於肺和心臟的大小，練到頂後就不會再進步。但技術卻不受先天限制，可以藉由訓練不斷向上提升。

不同強度區間的觸地時間

　　速度愈快時，因為身體重心會更快離開支撐腳，所以觸地時間會比較短。想要縮短觸地時間，必須從最高強度的 R 區間練起，之後低強度的步頻也會跟著提高。

　　圖表7.3 的直條線是每個強度區間的訓練量與觸地時間的雙軸圖。在今年一月時某跑者發現自己的觸地時間太長了，想下定決心改善缺點。所以二月、三月連續進行以 R 強度為主的間歇，因為這位跑者的目標是提高步頻與盡量縮短觸地時間，所以他除了練 R 間歇之外，也練了很多跳繩與爆發力訓練。

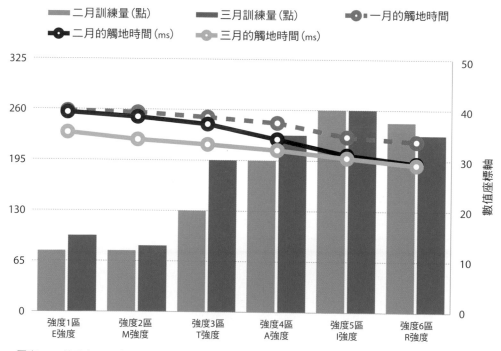

圖表7.3　著重在 R 配速間歇課表三個月期間的觸地時間與訓練量的關係圖。

二月結束時可以明顯發現，他的強度 3 區以上的觸地時間明顯變短了。但同樣的課表練到三月，雖然都是練高強度的間歇，但強度 5~6 的觸地時間已不再進步，反而是強度 1~3 區變快很多。

　　在練觸地時間時，要很有耐心（耐力運動不管練什麼都要有耐心才行），雖然跑者希望馬拉松配速跑時的觸地時間能縮短，但那要花上一段時間，通常先練強度 6 區的 R 配速間歇時，R 強度的觸地時間很快就會進步，但 E 跟 M 就要等到比較後期才會改變。

檢查兩腳的動作是否平衡

如果手邊的跑錶沒有這個功能，跑者該如何知道自己的觸地時間呢？前面提到的 Coach's Eye 有另一個功能（需要額外付費），見下面說明：

圖表7·4　量測自己觸地時間的方式

腳掌觸地時，使用工具列上的碼錶，選擇碼錶後，用手指碰觸一下畫面中任何一處來啟動碼錶，向右拉動時間軸，直到如圖中顯示腳掌即將離地，此時碼錶所顯示的時間 (150 毫秒) 即為觸地時間。

圖表7·5　量測自己騰空時間的方式

腳掌準備離地時，用手指觸碰畫面中任何一處來啟動碼錶，向右拉動時間軸，直到另一腳掌觸地為止，此時碼錶所顯示的時間 (160 毫秒) 即為騰空時間。圖中「320 毫秒」是指跑者一步所花的時間。

從觸地時間這一項數據我們還可以分析出另一項重要資訊，那就是你的左右腳動作是否一致。左右腳的細微差異通常很難透過肉眼判斷，但從兩腳觸地時間的差異就可以看出差異，我們把它稱為「接觸地面時間平衡」（Ground Contact Balance, GCB），以左腳為例，它的計算方式是：**左腳的觸地時間 ÷ 兩腳觸地時間總合 ×100%**

以上述分析為例，某跑者的右腳觸地時間是 160 毫秒、左腳是 150 毫秒，因此他的**雙腳觸地平衡**（Ground Contact Time Balance）分別是：

- 左腳：150 ÷（150+160）= 48.4%
- 右腳：160 ÷（150+160）= 51.6%

這表示他的右腳比較不靈敏，受傷風險也較高，可以多加強右腳的彈跳、跳繩或馬克操等訓練。另外，也可能是左腳在後方拉回太慢所造成的。

目前 Garmin 的高階跑錶已可直接用心率帶上的 G Sensor 來即時量測跑者的觸地時間，經過我們的實驗，具有雙腳觸地平衡這項功能的跑錶，所呈現出來的數據相當準確，跟我們用 Coach's Eye 分析出來的數值幾乎相同[2]。

許多教練認為對稱的步伐對於運動表現和避免傷害是最理想的，兩腳間的平衡愈差，發生運動傷害的風險也愈高。單腳的觸地時間平衡只要超過 52%，就很可能發生單腳的傷痛，所以當你發現某條腿的觸地時間比較長時，就應該從跑步技術和肌力下手，才能回到平衡狀態。

圖表7.6 雙腳觸地平衡。

【注】2 除了 Garmin 630 與 735 之外，Fenix 3 跟 920XT 在更新韌體之後，也具備此功能。

5. 可以具體量化
跑姿優劣的「移動參數」

　　垂直振幅（Vertical Oscilation, VO）是指身體重心垂直振動的高度。振幅愈大，跑步效率愈差。菁英跑者的垂直振幅可以壓到 6 公分以下，但一般跑者平均是 10 公分。這是一種可以藉由訓練而提升的技術。振幅較大的跑者，跑起來像跳躍中的麻雀，主要是由於不自覺對地推蹬所造成的；而且振幅愈高，落下的衝擊愈大，受傷風險也愈高。

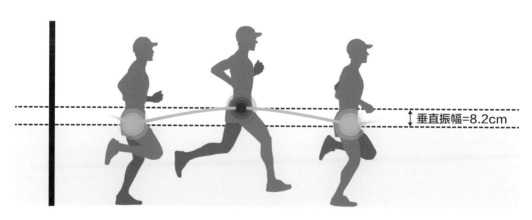

圖表7·7　垂直振幅是指每一步身體重心上下振盪的幅度。

目前只有 Garmin 的高階跑錶，可以透過心率帶中的 G Sensor，抓到你每一步上下振動的幅度。多了這項功能當然是好事，但身邊有些跑者為了降低垂直振幅，一直盯著錶上的數字，希望它愈低愈好以避免受傷，但通常就愈跑愈小步。

另外一些追求速度的跑者，垂直振幅很大一直降不下來的原因，是加速時想要加大每一步的步幅。所謂一步的步幅，是指兩次落地之間的距離，他們認為每一步的步幅愈大，效率愈好。跑者在這樣觀念的引導下時常會不自覺地蹬地，藉以增加騰空時間。雖然這樣做的確會加大步幅，但振幅會過高，除了落地衝擊會加大之外，每一步也要多花額外的力氣把身體推向空中。

從上面兩個問題可以看出，垂直振幅這個數據，並非單純愈低愈好。我們真正追求的是每步的垂直振幅很低，同時步幅又可以加大。所以「移動參數」（Vertical Ratio, VR）這個數值相應而生，它的意義即是：**垂直振幅 ÷ 步幅**。它是成本效益比的概念，其中成本是垂直振幅，而效益是移動的距離。移動參數愈低，代表技術愈好，愈能確保你把能量用在向前而非向上。

如果某位跑者的垂直振幅是 7.5 公分，步幅是 1.64 公尺，那他的移動參數即是 $7.5 \div 1.64 = 4.6$（這裡不考慮單位，只是單純把兩個數值相除，所以稱為「參數」）。

從不同配速的移動參數可以看出跑者技術上的問題，下面是這位跑者四次半馬的平均配速與移動參數之間的關係，我們可以看到他的速度愈快，移動參數就愈低，這代表他在加速的時候振幅沒有變大，也就是說他在加速時並沒有不自覺地推蹬地面。

圖表7·8 移動參數範圍 (%)

等級	垂直比例
奧運選手	3 以內
優越	4.5~6.1
良好	6.1~7.4
好	7.5~8.6
普通	8.7~10.1
差	大於 10.01

- 配速 5:02/km → 8.0÷1.07 ＝7.48

- 配速 4:42/km → 8.1÷1.11 ＝7.30

- 配速 4:40/km → 8.2÷1.12 ＝7.32

- 配速 4:34/km → 8.1÷1.15 ＝7.04

　　另一位朋友的例子則剛好相反，我們可以看到他在速度愈快時，垂直振幅明顯變大，這代表他加速時會不自覺推蹬地面。

- 配速 6:54/km → 8.3÷0.79 ＝10.5

- 配速 6:33/km → 7.9÷0.83 ＝9.5

- 配速 6:08/km → 8.1÷0.87 ＝9.3

- 配速 5:47/km → 9.2÷0.95 ＝9.7

- 配速 5:29/km → 9.4÷1.01 ＝9.3

挺直跑 vs 坐著跑：
量化跑姿的數據

6.

此外，我們也發現不管世界紀錄保持者的競賽項目為何，他們的騰空時間大都落在 150~162 毫秒之間，它所代表的意義是：不管速度快慢（從時速 21 到 37 公里），這些跑者都不會利用推蹬地面來創造更長的騰空時間，而且腳掌的落地點非常靠近臀部的正下方，因此他們的垂直振幅都相當小。

這項發現的另一層意義是：推蹬是有助於延長騰空時間和步幅，只是這一點效益會帶來其他更多缺點，所以連世界紀錄保持者都不曾為了加大步幅的效益而去推蹬，我們也不用這麼做。全馬世界紀錄保持者的騰空時間是 162 毫秒，博爾特是 156 毫秒，可見透過延長騰空時間來增加步幅或提高速度，並不是正確的訓練方向。

我們以騰空時間 160 毫秒來看，升空 80 毫秒，落下 80 毫秒，可以利用力學公式算出這些跑者從騰空到落下距離大約是：

$$S = \frac{1}{2} gt^2 = \frac{1}{2} \times 9.8 \times (0.08)^2 = 0.03136 \text{ 公尺} = 3.1 \text{ 公分}$$

這也是為什麼這些世界紀錄保持者在騰空期的平均垂直振幅（圖表 7.9 藍色虛線）都在 3~4 公分之間。

　　但我們在替別人做跑姿分析時卻時常發現騰空時間 160 毫秒的跑
者，垂直振幅都遠遠大於 4 公分，甚至在 8 公分以上。一開始我們不知
道原因何在，但透過仔細的分析發現元凶還是在跨步。當你落地時，腳
掌跑到臀部前方，或是臀部往後縮（坐著跑），這不但會使你的觸地時
間變長，腳掌落地後（支撐期）的上下起伏也會跟著變大。我們發現，
這是許多跑者垂直振幅過大的另一項主要原因。

　　國外文獻中常用「Run Tall」來表示優秀跑姿，意指：上半身保持挺直，
肩膀不往前傾，臀部不往後縮。若能在跑步時維持此姿勢，支撐期的振
幅就會比較小（圖表 7·9 中下排紅線比例就會少一點）。另一種跑姿俗
稱「坐著跑」：跑步時肩膀前傾（臀部後縮），或是落地時腳掌跨到臀
部前方，支撐期的上下起伏就會比較大（圖表 7·9 中上排紅線振幅較大）。

　　紅線的振幅不可能完全消失，一定會存在，只是比例問題。就像臀
部一定會後縮一些，腳掌也不可能完全落在臀部正下方，只是幅度大小
不同而已。

　　支撐期的上下位移幅度變大，就像每一步都在做小幅度的蹬階運動
一樣，因此對肌肉的負擔也大。我們曾分析過一位看來明顯「坐著跑」
的跑者， 用各種角度的影像分析後，他每一步在支撐期（從剛落地到離

圖表7-9　紅色跑者因為跨步跑，所以腳掌落地時(支撐期)，臀部(重心)上下位移的幅度
　　　　會比較大(紅色曲線)。藍色跑者因為落地點很靠近臀部正下方，所以在支撐期
　　　　的臀上下位移非常小，代表觸地時間也會比較短。

地時)的上下位移幅度是 4 公分。假設他跑一場全程馬拉松總共跑了四

萬步，除了向水平移動了 42,195 公尺之外，同時也像是向上爬了四萬

階 4 公分的階梯，總共向上移動了 160,000 公分（4 × 40,000 ），也

就是 1.6 公里，那幾乎是一口氣比了四次的台北 101 登高賽（比賽階數：

2046 階，樓層高度：391.8 公尺）。想像一下，有做這件事的跑者在馬

拉松賽場上，等於比「沒做這件事的跑者」多比了四次的 101 登高賽，光用想的就很累，更別提真的跑完馬拉松再爬四次 101 大樓會有多操。

在跑步中，Run Tall 是個重要的術語，它是在表述一個重要的姿勢：上半身保持直立，臀部不能向後縮。肩膀若前傾，臀部會往後縮，重心落到後方，使跑者一落地就會造成剎車。

有些跑者會練深蹲跳，這是一種「用臀部去緩衝落地的衝擊」的訓練，對籃球、排球或跳高等需要垂直起伏的運動員相當重要，屬於專項訓練，主要是練「向上加速度」與「落下減速度」的能力，前者是三關節伸展的爆發力訓練，後者則是練下肢的緩衝能力。但對於跑者來說，我們希望在跑步時落地的衝擊（落地反作用力）不要被吸收，而是「被動」用來使腳掌上彈。因為腳掌彈得愈高，腳掌就落得愈遠，步幅愈大。所以對籃球選手來說，是希望在落下時「臀部能協助緩衝」，但當我們水平移動時，臀部要成為穩固的支點，我們反而希望在跑步時「衝擊的能量不會被臀部分散掉，而是變成位能，也就是轉化成腳掌離地的高度」。

腳掌被動上彈就是阿基里斯腱的功能，但如果臀部後縮，就等於把力緩衝掉了，腳掌也會彈不起來。談到這邊，大家應該比較明瞭圖表 7‧9 中 Run Tall 的目的為何了。

那要如何知道自己的跑姿是朝 Run Tall 的方向進步呢？

我們可以用一個很簡單的數字來呈現：**垂直振幅（mm）＋觸地時間（ms）**。雖然這兩個數值的單位不一樣，但我們只是想知道自己技術的進步幅度，所以只要長期追蹤自己的這項數值，在固定速度下是否有愈來愈小，就知道自己是否有進步了。

圖表 7‧10 是目前各項世界紀錄保持者的數據，這些數據可以當作技術訓練的目標：

圖表7·10 各項距離的世界紀錄保持者的垂直振幅 (公釐)+ 觸地時間 (毫秒)。

項目	紀錄	姓名	配速 (分鐘 / 公里)	垂直振幅 (mm)+ 觸地時間 (ms)
100m	9.58 秒	Usain Bolt	1:35.8	113
200m	19.19 秒	Usain Bolt	1:35.95	114
400m	43.18 秒	Michael Johnson	1:48	126
5,000m	12:37.35	Kenenisa Bekele	2:31	180
1,0000m	26:17.53	Kenenisa Bekele	2:38	185
半程馬拉松	58:23:00	Zersenay Tadese	2:46	190
全程馬拉松	2:02:57	Dennis Kimetto	2:55	222

馬克操 vs 跑步技術

很常聽到跑者質疑馬克操和跑步技術的動作似乎互相違背,但只要搞清楚馬克操和姿勢跑法在訓練動作上的「目的」不同,就不會覺得奇怪。

馬克操的目的,在於把跑步相關肌群與關節熱開,並不是要跑者在跑步時抬膝、向前踢或跨大步。大家應該已經從力學角度很明確知道「抬膝、向前踢或跨大步」是很沒有效率的,而姿勢跑法的目的是訓練技術,任何運動項目的技術訓練目的都是讓動作變得「效率」。馬克操並不是在讓動作變得有效率,而是讓肌肉熱起來(血液流進去)、打開關節的活動度(mobility)、訓練肌肉的彈性(flexibility)和身體的敏捷性(agility)。馬克操的重點在流暢與靈活,做得愈好代表關節活動度大、肌肉的彈性也很好,但我們跑步時絕不會這麼跑,腳步聲也不會那麼大(用力往下踩),因為目的不同。

所以,我們在跑步前也很常把馬克操當作熱身,之後再做技術訓練動作,使身體先記得有效率的跑姿。有些人會誤以為馬克操在練技術,這是錯誤的觀念。

熱量與燃脂量

【第 8 章】

了解跑步所消耗的熱量與燃脂量之間的關係

訓練身體燃燒脂肪的能力，對長距離跑者是非常重要的一件事，對想利用跑步來減肥的人更是至關重要。但熱量的單位是卡路里，燃脂量是指跑者所消耗的脂肪克數，燃脂率的意義是有多少百分比的能量從脂肪而來，這三者的意義是很不一樣的。高強度運動雖然在單位時間內的熱量消耗比較多，但是燃脂率卻遠不及長距離慢跑。本章將仔細說明怎麼跑比較容易減肥。

1. 燃脂機器 vs 燃醣機器

身體裡最主要的兩種能量來源是醣類和脂肪，脂肪是高密度的能量，又油又膩，難燒得緊（產能速度很慢），只有在能量需求不高時脂肪才會被大量拿來用。

　　瑞典運動生理學家薩丁（Saltin）從事這方面的研究多年，在他的研究中，當運動強度高於 75% 最大攝氧量時（本書定義的強度 2 區是74~84%），肌肉中肝醣消耗的速率將顯著上升，強度到了 80% 最大攝氧量以上，血液中的游離脂肪酸（plasma-free fatty acids）和肌肉中的三酸肝油脂的氧化率都會大幅下降，再向上提升到95%時（強度 5 區），燃脂率就會趨近於零，身體將完全動用醣類[1]，也就是說，身體倚重醣類的比重會隨著跑步速度一起提升。

這裡指的醣類包括肌肉中的肝醣和血液中的血糖。因為在劇烈的運動下，能量需求大，脂肪根本來不及燃燒，只能先拿可以快速產生 ATP（可直接做為肌肉收縮之用的最小能量單位）的血糖和肌肉裡的醣類來燒。在薩丁的研究中，當跑者把強度拉到 95%最大攝氧量（強度 5 區）以上後，就幾乎用不到脂肪了，此時跑者身體裡的醣類將快速消耗，若是在跑全程馬拉松時前半段這樣衝，後半段因低血糖而撞牆的機率就非常高。

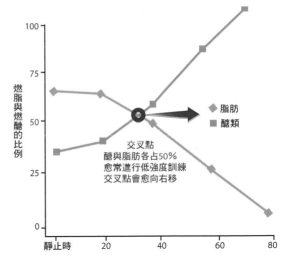

圖表8‧1　運動強度 vs 燃脂。燃醣比例關係圖，強度愈高燃脂率愈低。（本圖摘自 "Lore of Running 4/ed" by Tim Noakes, MD, pp. 120。原始研究資料出自喬治‧布魯克斯）。

【注】1 資料來源：Saltin 1973; G.A. Brooks and Mercier 1994; G.A. Brooks 1998; Romijn et al. 1993; Van Loon, Greenhaff, et al. 2001

來自柏克萊的運動生理學家喬治‧布魯克斯（George Brooks）和他的同事把這項研究發揚光大，他們接著擴大研究，更加證實了每位跑者的燃醣率都會跟著運動強度一起增加，但燃脂率卻隨之遞減[2]，所以在座標軸上會形成兩條交叉的曲線，交叉點是兩種能量剛好各占一半比例的強度，一般跑者的交叉點大都是落在 35% 最大攝氧量時（見圖表8‧1）。

　　各種強度的「燃脂－燃醣比」會因為每個人的基因和訓練型態而有所差異，天生燃脂率高的人，圖中的「交叉點」會更向右偏。南非開普敦大學的醫學博士提姆‧諾克斯（Tim Noakes），在他的知名著作《跑步的學問》（Lore of Running）中，把這一類跑者稱為「燃脂機器」，他們是那種「怎麼吃都不會胖」的人，也是天生的馬拉松跑者。反之，「燃醣機器」會更適合爆發力型的運動，以跑步來說就是半馬以內項目，因為人類身體儲存的醣類，在高強度下最多只夠用一個小時，而一個小時正是菁英跑者完成半馬的時間。

　　圖表8‧2是運動生理學家高伊戴克（Goedecke）和吉普森（Gibson）等人所做的研究，他們找了六十一位受試者，測量他們在安靜狀態下能量消耗的來源有何差異，竟發現了差異極為巨大。直條圖中的上方橫軸是燃脂率，縱軸是人數[3]。

　　在這六十一位受試者當中，就算在安靜狀態下，大多會同時動用到醣類與脂肪，其中有一位特別案例，沒運動時的代謝能量中竟只有 25%

【注】2 研究出處：G.A. Brooks and Mercier 1994; G.A. Brooks 1998
　　　3 下橫軸是「呼吸交換率」(Respiratory Exchange Ratio, RER)，那是另一種量化訓練強度的方式，在身體裡不管是燃醣或燃脂，都一定要用到氧氣，最後也都會產生二氧化碳，運動生理學家把二氧化碳的產生拿來除以氧氣消耗量，當作呼吸交換率，這個值在超高強度的運動下，當運動的燃料 100% 由醣類代謝提供時剛好是「1.0」，當 100% 由脂肪產生能量時比值是「0.7」。

來自脂肪，其餘的 75% 都從醣類而來，完全是名副其實的燃醣機器。
肥肉對他來說，只要開始堆積起來後就很難減掉了；另外有兩位是超強
的燃脂機器，在安靜狀態下幾乎 100% 的能量都從脂肪而來，他們就是
那種睡覺都能燃脂的天生瘦子。

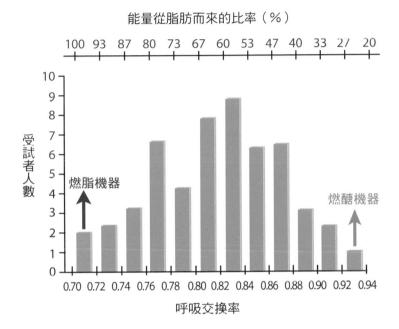

圖表8‧2 安靜狀態下基礎代謝的能量來源差異比較，在六十一位受試者中，每個人的燃脂
率有極為顯著的差異，有兩位在安靜時幾乎 100% 以脂肪做為能量，但有一位只
有 20% 的能量來自脂肪。(本圖摘自 "Lore of Running 4/ed", Tim Noakes, MD, pp.
122。原始研究資料出 Goedecke, St. Clair Gibson, et al. 2000)。

2.
LSD 式訓練
將使你往燃脂機器進化

　　雖然基因決定了身體的燃脂率，但很容易變胖的人也別太灰心，透過訓練還是可以有所改變。因為能量產生不只需要氧氣，還需要酵素。肌肉裡酵素濃度的高低將影響燃醣與燃脂的效率，而跑者的訓練習慣將決定這兩種酵素的濃度。也就是說，當你進行愈多高強度訓練，肌肉裡的醣類分解酵素濃度也比較高，燃脂酵素的濃度會被抑制。因此，高強度訓練的確可以燃燒比較多的卡路里，但在運動過程中的燃脂率並不會顯著提升。

　　愈常進行大量 LSD 式訓練的跑者，肌肉裡的燃脂酵素濃度比一般人高（圖中的「交叉點」向右移），好處不只減肥變得比較容易，身體的耐力也會變好，因為燃脂時不會產生乳酸，也可同時在比賽時節省寶貴的血糖和肝醣的存量。也就是說，透過低強度的長距離訓練，身體的引擎會逐漸朝高燃脂率的方向進化。

　　運動到低血糖時，人會覺得肚子餓，沒有力氣，接著會頭暈、全身乏力，若意志力超強，再硬撐下去就會暈倒。所以我們應該訓練身體燃燒脂肪的能力（跑者體內的脂肪幾近無限量供應），盡量保存「有限的醣類」。

在高伊戴克和吉普森的研究中也發現某些人經過訓練後，可以把身體裡的引擎（粒線體）改造成更容易燃燒脂肪，訓練有素的跑者在進入強度 2 區時，還可以保持 50% 以上的燃脂率（也就是圖表8·3 交叉點的所在位置）；但大部分未經訓練的人，到了強度 2 區時已 100% 都是倚靠醣類，無法再動用任何一克的脂肪了。

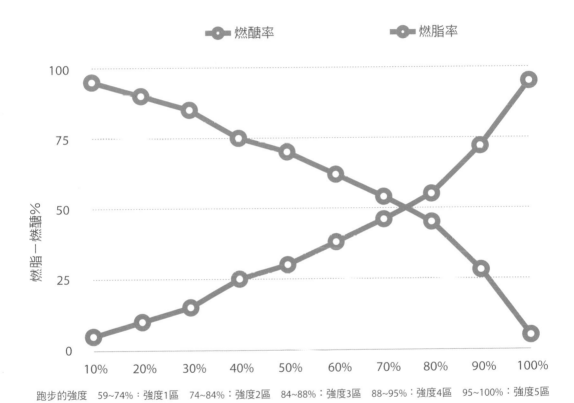

跑步的強度　59~74%：強度1區　74~84%：強度2區　84~88%：強度3區　88~95%：強度4區　95~100%：強度5區

圖表8·3　透過低強度長時間的訓練可以提升燃脂率，交叉點愈往右移，代表跑者的燃脂率愈高。從圖中可以看出這位跑者在 75% 最大強度時（強度 2 區），仍維持 50% 的燃脂率。

對馬拉松跑者來說，訓練的目標正是使交叉點向右移，這代表身體在跑步過程中乳酸產量減少（燃脂的過程不會產生乳酸），還可以節省醣類消耗與減少比賽中撞牆期出現的機率。

燃脂率不只跟運動強度有關，也跟運動時間成正比。跑步時間愈久，燃脂率愈高，不少研究者都證實了這個論點。一九九三年時運動生理學家諾克斯和博世（Bosch）等人做了一項研究，找來一群運動員，在70% 最大強度（強度 1 區）下訓練 3 個小時，他們的平均燃脂率從最初的 6% 提升到最後的 46%。運動生理學家柯斯蒂爾（Costill）也做過類似的研究，他要求跑者在跑步機上以 65% 最大強度（強度 1 區的下限）維持 2 個小時，他們的燃脂率從一開始 39% 提升到最後的 67%[4]。

這也是為何跑者們口耳相傳的 LSD 如此重要，因為它能有效提升身體燃燒脂肪的能力，這不只是減肥的關鍵能力，交叉點的右移幅度也是全馬破 PB 的關鍵指標。

【注】4 上述兩個研究的數據都摘自：Lore of Running 4/ed", Tim Noakes, MD, pp. 123

FatZone：最大燃脂強度區間

　　但這裡談的都是燃脂率，並非燃燒脂肪的速率，而是指「運動中消耗的能量有多少百分比來自脂肪」，此百分比是拿脂肪跟醣類相比，高強度間歇訓練「之後」的燃脂率會比長距離慢跑高；但運動「過程中」的強度愈低，燃脂率則會比較高。這些都只談燃脂與燃醣的比例，也就是說運動中消耗的總熱量若是 1000 大卡，從脂肪來的熱量是 800 大卡時，燃脂率則是 80%。但這沒有考慮到分母（消耗的總卡路里），在低強度時的分母很小，就算 80% 看起來燃脂「率」很大，其實燃脂「量」很小。

　　不考慮醣類的話，純就脂肪自己的燃燒速率而言，並非強度愈低愈好，還是要有一定的強度燃燒速率才會提升。每個人的「最大燃脂強度區間」（FatZone）都不同，在這個強度區間，每分鐘能夠燃燒最多公克數的脂肪。

　　若我們把運動的強度分成 1~6 區，FatZone 大都發生在 56%~74% 最

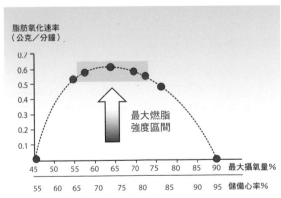

圖表8‧4　跑者的最大燃脂量大都發生在「中等強度」的跑步狀態下，也就是圖中的灰色區塊。

大攝氧強度，經研究這很接近 56%~74% 儲備心率（HRR）。其實就是我們在本書定義的強度 1 區（E 強度），但訓練有素的跑者可以拉高到 74% 以上，也就是強度 2 區（馬拉松配速區）。FatZone 在不同人之間的變化非常大，訓練較少的人，FatZone 會落在 1 區以下，也就是心率低於 59%HRR。具體來說，最大心率 180 bpm、安靜心率 60 bpm 的人，FatZone 的強度會落在心率 130 bpm 以下。

但有些菁英跑者的 FatZone 是落在 3~4 區，對這些跑者來說，在跑到 3~4 區時不只是燃脂率增加，連總消耗的卡路里與燃脂量也跟著同時增加，所以這種燃脂機器怎麼可能胖得起來。換另一個方式來看，只要透過中低強度的訓練，圖中灰色方塊的「最大燃脂強度區間」會往右上方移動，表示燃脂率與燃脂量都同時提升了。

跑錶中的卡路里是怎麼計算出來的？

如果有位體重六十五公斤的跑者，今天花了 60 分鐘練強度 1 區的慢跑，跑完後跑錶顯示的平均心率，是位於儲備心率的 70%。我們知道儲備心率 % 跟最大攝氧量 % 的數值非常接近，所以攝氧量可以用儲備心率百分比來估算為最大攝氧量的 70%。

假如跑錶已經根據這位跑者的訓練生理數據推算出最大攝氧量為 50 毫升 / 公斤 / 分鐘，當次訓練後的攝氧量就是 70%×50，再乘上時間（分鐘）與跑者的體重，就可得到該次訓練的總氧氣消耗量：

- 60 分鐘 ×（70%×50 毫升 / 公斤 / 分鐘）×65 公斤 = 136,500 毫升 = 136.5 公升（L）

我們從運動科學家的研究資料可以得知，人體每消耗 1 公升的氧氣可以產生 4.69~5.05 大卡（KCal）的熱量，會有一個範圍是因為呼吸交換率的不同而略有改變，在此我們統一用平均值 5 KCal/ L O2 來計算總卡路里消耗量：

- 136.5 L × 5 KCal/L O2 = 682.5 大卡（KCal）

這樣的計算方式，並沒有考慮運動後過耗氧量（EPOC）。例如同樣是坐在電腦前面工作 8 個小時，早上有運動跟沒運動所消耗的卡路里就會有所差異，也就是說，運動完後的基礎代謝率會比運動前高。但一般來說，跑錶上的卡路里都只計算運動當中的熱量消耗。

短暫的間歇訓練
也能提升「運動後」的燃脂率

以熱量消耗的速率來說，間歇訓練當然快得多。只是間歇訓練過程中主要的燃料是醣類，所以燃脂率相對較低。從前一節我們已經知道「最大燃脂強度區間」不會在散步或超慢跑的低強度，也不會在百米衝刺的高強度，而是落在中強度。但坊間有許多強調短時間的高強度間歇就可以減肥的書，像是「1 天 4 分鐘！持續燃脂 12 小時！」難道他們說錯了嗎？

這類書大都聚焦在同一個需求：「花很少的時間就能減很多肥（脂肪）」，而且這種短時間的運動都是高強度運動。這種說法對想要減肥的人來說，的確很有吸引力，因為把時間當作成本的話，這種減肥方式的 CP 值，聽起來比很花時間的 LSD 式慢跑高多了。

但其實這種說法並不純粹是噱頭，也是有學術根據的。根據來源是 EPOC，這個字在台灣學術界的譯名是「運動後過耗氧量」。

運動前安靜坐在椅子上時，身體的耗氧量很低，經過幾分鐘激烈的高強度間歇訓練後，再度坐回椅子上，雖然一樣是安靜坐著，但此時的身體會比訓練前需要更多的氧氣，這多出來的氧氣就是 EPOC，而且更好的是，這些氧氣大都用來代謝脂肪。

簡單地說，就是練跑後身體的引擎還會繼續待轉一陣子，而且不是像熄火的汽車引擎，只是在散熱而已，它還會繼續動用身體裡的能量。在靜止狀態下仍持續待轉的引擎主要以脂肪為燃料，所以稱為「靜態燃脂」，而那些強調「花很少的時間做高強度間歇就能減很多肥」的書，主要就在教人怎麼練才能達到「靜態燃脂」的最大化。

某些體適能教練會在網路上批評像《1 天 4 分鐘！持續燃脂 12 小時！》、《間歇訓練：1 天 6 分鐘，燃脂 72 小時》這樣的書名太過聳動，感覺燃脂的 CP 值更高。不可否認，這樣的書名比較吸睛，有助銷售，從生理學來解釋，這些書所下的標題並沒有錯。我們的確只要用高強度間歇練個幾分鐘就會持續燃脂 12 小時，72 小時也沒有問題。因為就算不運動，身體的基礎代謝本來就會燃燒脂肪，而且訓練強度愈高，事後的 EPOC 現象就會愈明顯。

像 Tabata 或 30~200 公尺的高強度短程間歇，的確可以達到兩種效應：其一，訓練過後靜止狀態下的燃脂率會比沒有訓練的人來得高；其二，若把時間當作成本，脂肪燃燒的克數當作效益。高強度間歇訓練的「報酬率」，會比低強度的長距離訓練來得高，意思是相較於慢跑，它所費的時間較短。只是這種訓練方式不太會改變體質，使身體裡的脂肪酵素濃度增加，所以肥肉去得快，回來也很快。

燃脂體質，要從超慢跑開始練起

這兩種減肥方式並無對錯之分，就像投資一樣：報酬率愈高，風險也愈高。高強度訓練若無有氧體能與好的肌力做基礎，很容易受傷，而且也不容易持久，因為無法享受到運動的樂趣，變成只是為了消脂而訓練，才 4~6 分鐘，腦內啡都還沒分泌出來就結束了，許多運動的美好滋

味是在 30 分鐘以上才會顯現的。

更重要的是，這種高強度間歇的訓練方式只是像特效藥，若想要大幅提升燃脂率，還是要耐著性子進行低強度長跑才能根本性地改變體質。只有在乳酸閾值（強度 3 區）以下練跑，才能最有效地刺激到肌肉裡的粒線體、微血管、燃脂酵素與紅肌，有刺激才會進步。

所以低強度 LSD 式的訓練跟高強度間歇訓練 [5]，兩者在燃脂上的差別主要在於時間與效應，前者主要的燃脂時間是在訓練中，後者則在訓練後；以效應來說後者就像特效藥，但復胖率很高，因為它並沒有從本質上提升燃脂酵素，原本燃脂率就不高的人，一停止不練，肥肉很快就會長回來。

熱身跑與緩和跑的重要性

圖表8·5 說明了運動前，身體的攝氧量很低，剛開始訓練時因為身體忽然動起來，還不習慣，所以會形成暫時性的「缺氧」。這也是為什麼我們在剛開始練習時會覺得特別痛苦，過了一陣子「熱開」後，反而覺得舒服。熱身的重要性，由此可見。尤其在重要比賽時，先把身體熱開，可以避開起跑前幾分鐘的「缺氧」現象。

我們也都有過類似的經驗：運動結束後，呼吸與心跳還要花上一段時間才能逐漸恢復，就算呼吸恢復平靜，心率也降下來了，身體的攝氧

【注】5 這裡所提的高強度間歇是指跑步 200 或 400 公尺，以及 Tabata 這一類的間歇訓練，並不是指肌力訓練。這一類高強度間歇因為沒負重所以不太容易增加肌肉量。但如果是進行會形成肌肥大的肌力訓練，因為肌肉量變多了，燃脂率也會跟著提高。這就像提高燃脂率的兩個門派，一個是 LSD 派，另一個則是肌肉派，雖然門派的進路不同，但都能達到相同的效果。

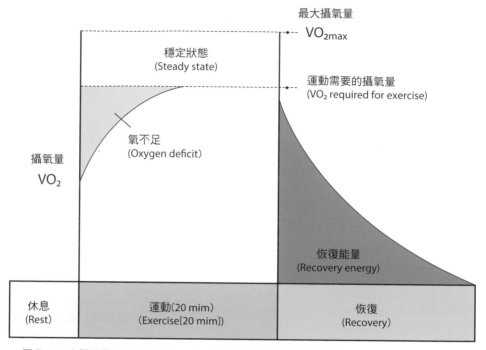

最大攝氧量
VO$_{2max}$

穩定狀態
(Steady state)

運動需要的攝氧量
(VO$_2$ required for exercise)

氧不足
(Oxygen deficit)

攝氧量
VO$_2$

恢復能量
(Recovery energy)

休息
(Rest)

運動(20 mim)
(Exercise[20 mim])

恢復
(Recovery)

圖表8·5 身體的攝氧量在訓練前、中、後期以及結束後的變化情形。(摘自《肌力與體能訓練》第二版 (Essentials of Strength Training and Conditioning, 2/e)，第 86 頁)。

量並不會立即降到訓練前的狀態。運動後這些相較安靜的基礎值所額外消耗的氧氣量，在運動科學界就稱為運動後過耗氧量（EPOC，圖表8·5中的綠色區塊）。

理所當然地，訓練強度愈高，時數愈長，休息愈短，EPOC 愈高。這對想減肥的人來說當然是好事，但對想要藉由規律訓練來變強的耐力運動員來說，EPOC 愈少（圖表8·5中的綠色面積愈小）代表恢復愈快。恢復的速度對多日賽超馬跑者或環法自行車手來說，可是決定勝負的關鍵，所以他們要了解的重要課題是「如何減少賽後的 EPOC」。最有效的方法就是要收操，對跑者來說，在練完主課表後最好不要立即休息，

要再進行緩和跑。研究顯示，在高強度間歇訓練結束後進行慢跑，EPOC 會比直接休息來得低，意思就是緩和跑的確會幫助恢復，使你明天還能保持一定的訓練品質。

為何運動後還會繼續燃脂？靜態燃脂量有多少？

接著你可能會問：都運動完了，為何身體還要那麼多氧氣？消耗這麼多氧氣所產生的能量，主要是用來使身體內部恢復平衡。

當恢復機制開始啟動，許多恢復用的激素（兒茶酚胺、甲狀腺激素、糖皮質激素、生長激素等） 開始分泌，交感神經也開始活躍，隨著能量與激素的釋放，才能協助身體有效合成肝醣、重新合成肌肉中的 ATP、代謝乳酸等運動的副產物，以及修復訓練時受損的身體組織，這些都需要能量與氧氣才能進行。

運動後的身體會極度渴求肝醣，肌肉中填補肝醣的窗口會大開。尤其是高強度的無氧運動，結束後通常都會變得飢腸轆轆，像游完泳總是很想吃高熱量的熱狗或泡麵。這時候不要餓肚子，反而要盡快補充碳水化合物，因為它會幫你填補運動中消耗的肌肝醣。而且此時身體會朝脂肪伸手要能量，所以此時脂肪代謝會增加。此增加燃脂的效果會比上圖中綠色區塊的 EPOC 時間還長得多，就算運動後身體已恢復到基礎代謝，間歇運動後的脂肪代謝還是比較高。

但運動後靜態燃脂量只會增加 5~15%，也就是說運動中消耗 1000 大卡，運動後的 EPOC 最多只有 150 大卡，但好處是，這 150 大卡的燃料大都會從脂肪而來。

體能愈好的人（跑力值愈高），恢復能力也比較好，所以 EPOC 會比較小，意思就是運動後根本不會燃脂太多。在運動生理學家高爾

（Gore）的研究中，九位運動員的 EPOC 最小只有運動中的 1%，平均是 4.8%[6]；對於剛開始跑步、有氧體能尚未建立穩固的人，高強度間歇的確會很有效果，因為 EPOC 會很大，才練一下下，身體就會燒一整天。

那麼，想要減肥的入門跑者都練高強度間歇比較有效率？我們不這麼認為，因為在「訓練量」[7]相等的情況下，間歇與定速的 EPOC 在幅度與持續時間上是差不多的（圖表8‧5 中綠色面積一樣）[8]，所以結論是：不管入門或進階跑者都要先練低強度，雖然慢跑時的燃脂量並非最大，但在這段過程中可以提高燃脂率，而且持續訓練可以增加肌肉裡的燃脂酵素與微血管密度，這才是從根本改變成燃脂體質的關鍵；快跑雖然可以增加事後的靜態燃脂率，但無法達到這個效果。

【注】6 此研究摘自："Effect of exercise intensity and duration on postexercise metabolism",C. J. Gore and R. T. Withers. Journal of Applied Physiology Published 1 June 1990 Vol. 68 no. 6
7 前面章節有詳細說明訓練量的定義，和如何找出自己每次課表與每週總計的訓練量。
8 "Excess post-exercise oxygen consumption following continuous and interval cycling exercise." McGarvey W, Jones R, Petersen S.International Journal of Sport Nutrition and Exercise Metabolism. 2005 Feb;15(1):28-37

運動後補給的時機

運動後的飲食對肝醣補充有很大的影響，如果運動後補充大量碳水化合物，肌肉的肝醣會快速地被補充，補充後燃脂的效果就會降低。所以要減重的人，不要大量補充碳水化合物，但是運動完還是要補充能量，碳水化合物不要太多就好。

對追求成績的耐力運動員來說，能量消耗很大，應該沒有減肥的需求，反而要快一點把肌肝醣補充回去，才能維持下次訓練的品質，所以運動後應該在 30 分鐘內趕快補充碳水化合物和蛋白質，過了 30 分鐘，肌肉中儲存能量的窗口就會關上，此時吃進去的東西反而比較容易變成脂肪。

間歇跑和有氧跑
在燃脂上有何差別？

　　醣類很好用，既可進行有氧代謝，也可以在無氧的情況下迅速產生肌肉可用的能量，但它只能儲存在血液、肌肉和肝臟中，而且因為這三者的空間都有限，所以儲存量也受到限制。為了能度過嚴酷的環境，哺乳類動物演化出更高品質的能量儲存型式：脂肪。它可以儲存在皮下組織與內臟周圍，完全沒有存量的限制，所以動物們可以在食物充足的時候，把吃進去的能量轉化成脂肪的型式儲存起來，這當然是自然界送給動物的完美禮物。但大自然從沒想過有一種動物可以一輩子都不缺食物，禮物就此在人類這種動物眼中變成不斷想去之而後快的廢物，甚至還有人花大錢動手術把它從皮下組織抽掉。

　　脂肪還能以三酸甘油脂（Intramuscular Triglycerides）的型式儲存在肌肉裡，但肌肉裡的空間有限，存量並不多，好處是離肌肉很近，當你一上路跑起來，肌肉馬上就可以拿來用。肌肉裡還有肝醣，跑步時肌肉裡的肝醣和三酸甘油脂是混著用的，混合的比例跟跑步的強度有關，速度愈快，使用肝醣的比例就愈高。因為存量有限，所以在跑步時皮下組織裡的脂肪細胞，也會在「溶解」後被送到肌肉中的粒線體進行氧化，節省肌肉內的庫存能量。這種「溶脂」的過程，主要受荷爾蒙和微血管密度所影響。

主要啓動溶脂的荷爾蒙是「兒茶酚胺」（Catecholamines），它是一種具有兒茶酚和胺類化合物的統稱，我們常聽到的腎上腺素（Epinephrine）、多巴胺（Dopamine）和去甲腎上腺素（Noradrenaline）都是這一類的荷爾蒙。荷爾蒙又稱為「激素」，意思就是受到某種刺激才會產生的元素，而且也能刺激某種固定的化學反應。兒茶酚胺這類激素所能刺激的化學反應之一，正是促使體內儲存的脂肪細胞被釋放出來，所以可以把它們稱為「溶脂激素」。

　　間歇訓練很 High，的確能使腎上腺釋放更多的溶脂激素，但那就像特效藥，只是溶更多出來，若燃脂引擎不夠力還是無法提高燃脂量。想要改造燃脂引擎，把體質改造成燃脂機器，唯有靠低強度長跑才行。長跑像文火慢燉，一開始燃脂較少，燃脂率會隨著慢跑的時間逐漸上升，而且唯有在慢速的刺激下，肌肉和脂肪組織裡的微血管才會愈長愈密，燃脂酵素的濃度也才會提升。微血管愈密脂肪酸與氧氣運輸到肌肉的速度愈快，燃脂酵素愈濃，脂肪代謝的速率也會愈快。

　　有些人會擔心有氧跑太多會把肌肉拆了當柴燒，這的確有可能發生，但這是一個月要練跑超過 400 公里的跑者才需要擔心的事，如果你真的屬於這一種大量訓練的嚴肅跑者，就需要輔以重量訓練才能避免愈練肌肉愈小的情況發生。

　　如果你開始跑步是為了減肥，間歇跑和有氧跑都能達到效果。差異在於間歇像減肥特效藥，立即見效，而且報酬率高，時間短效果佳；有氧跑則報酬低，要花很長的時間才能得到一樣的燃脂量，但燃脂率高，長期堅持下去可以從根本上把體質改造成不容易復胖的燃脂機器。只談優點的話：高強度間歇的燃脂速率最高、中強度節奏跑的燃脂量最多，LSD 式有氧跑則是在花時間改造身體的燃脂引擎。以減肥這個目的來說，這些訓練方式並沒有對錯之分，端看你怎麼選擇。

【第 9 章】壓力與訓練效果

訓練就跟人生一樣，有壓力才會成長

身體面對大量訓練時，因為血壓、乳酸、代謝物質大增，身體的壓力也變大，而抗壓性同時也在提升，所以壓力愈大，訓練效果愈好。但如果壓力累積過多，超過負荷就會造成反效果，結果就是過度訓練或受傷，成績因此一蹶不振的跑者大有人在。

希臘戴爾菲神殿上刻著兩句名言，分別是「認識你自己」與「凡事勿過度」。孟子也曾誇讚孔子凡事都會適可而止 。「適量」是中西方哲學家所追求的智慧，訓練也是一樣，過度訓練是所有跑者都應避免的，因此本章在討論訓練壓力該如何量化的同時，也告訴大家跑錶上的恢復時間、訓練效果背後的原理，以及該如何應用。

1. 變強，是發生在
壓力之後的恢復時間

休息與恢復是訓練的一部分，但每個人因為體能、抗壓性與恢復能力不同，每份課表所需的恢復時間也不同。身體所需的恢復時間（Recovery Time）跟它所受到的壓力（Stress）成正比；壓力愈大，恢復時間愈長。

　　身心在面臨環境改變或挑戰時，都會自動進行調節。調節的幅度愈大，代表壓力也愈大。例如心率從安靜值 60 bpm 爬升到 150 bpm，此時身體所承受的壓力當然較大，心率會爬升到 150 bpm，不一定是因為運動，站在懸崖邊緣心率可能也會狂飆。壓力的累積量還要考慮到時間，例如某位跑者完成一場全程馬拉松總共跑了 4 個小時，平均心率是150 bpm，累積的壓力會比用 180 bpm 的心率衝完 3 公里還大。

　　壓力並非全然有害，日常生活中也需要它，就像大氣壓力若不存在我們就無法生存一樣，生活中需要適當的刺激與挑戰，身心才能正常運轉。許多潛能也是透過壓力激發出來的，以從未舉過槓鈴的女性為例，一開始只能舉二十公斤的空槓，但透過適當的休息與刺激，在數天內就可以增加重量好幾次，甚至舉起兩倍的重量（四十公斤），肌肉當然無法在短時間內增加，但因為重量的刺激，身體各部分的肌纖維「不得不」被徵召與活化，更多的肌肉被啟動，自然能撐起更多的重量。

　　當壓力增加時，身體的活躍度（activation levels）也必須跟著增加，不然會無法應付壓力，如果活躍程度跟不上壓力，身體就會受損。例如從二樓跳下，訓練有素的特技人員能夠承受（或轉化）

圖表9‧1　目前的跑錶已經可以直接根據心率變異度來推算當前的壓力指數。

落地時的壓力，但一般人沒有受過落地的技巧，肌肉也承受不住那麼大的衝擊，跳下去很可能就會骨折。

身體的活躍度是由自律神經系統（Autonomic Nervous System, ANS）所控制，主要負責使身體維持在穩定平衡的身心狀態。自律神經可分成「交感神經」與「副交感神經」，前者負責迎接各種挑戰，後者負責啟動恢復機制。

所以當你在操場上增加跑速時，交感神經會啟動，啟動後心率與血壓都會上升，但心率變異度會下降。因為量測心率與心率變異度不需要侵入性的裝置，不像乳酸濃度一定要抽血才有辦法量測。

訓練是我們主動施加給身體的壓力，這個壓力可以用在第 4 章裡提到的「疲勞指數」來量化；但像工作、人際關係與經濟負擔等也都會使壓力增加，除此之外，壓力的來源還包括外在變化，像是氣溫、風阻、坡道或崎嶇不平的路面，以及像失眠、營養不良、抽菸與喝酒都會對身體形成額外的壓力。這些訓練以外的壓力都無法只靠監控疲勞與狀況指數來量化。

運動醫學發現身心所承受的總壓力會跟交感神經的活性成正比，而交感神經活性提升時，心率變異度會下降，所以醫生們時常透過心率變異度的變化，來監控病人所承受的壓力與術後復原的情況。

運動科學家們從九○年代開始，也用心率變異度來量化運動員訓練後的壓力指數，在當時要借助高貴的科學儀器，但現在已經可以用跑錶和手機的 APP 來量測了。

心率變異度
可以用來量化身體的抗壓性

2.

　　變頻的冷氣之所以比較省電也比較不容易壞的原因，是它會隨著溫度自動調整馬達的運轉功率，而不像傳統冷氣只能全力運轉與完全停機。因為效能不彰，所以能隨環境即時調整功率的變頻家電才因應而生，而人的心臟也有類似的「變頻」功能。

　　心率的快慢主要是由心臟裡的竇房結（Sinoatrial node, S-A node）所控制，但它的放電頻率是固定的，我們規律的心跳就是因為有它。每一下心跳都是竇房結引發心臟收縮的動作電位，接著迅速傳向左右心房，然後再經由房室結 （Atrioventricular node, AV node）傳入心室。

　　當我們面對外界壓力或提高運動強度時，身體需要更多的氧氣，血液要加速輸送，此時心率就不得不加快才行。因此我們勢必需要心率的調控能力，負責這項重任的就是「自律神經系統」。所謂「自律」就是會自主完成調控身體各項機能的律則。自律神經系統中的交感神經負責提高心率、副交感神經負責抑制心率，它們就像心臟頻率的兩個旋鈕。這兩顆旋鈕並非一開一關，而是相互拮抗作用。例如交感神經會在需要面臨緊急狀況時（例如戰鬥或逃跑）旋緊，此時心率會加快、肌肉緊繃、血壓上升、消化作用減慢，如此你才可以把多餘的能量騰出來進行應變。

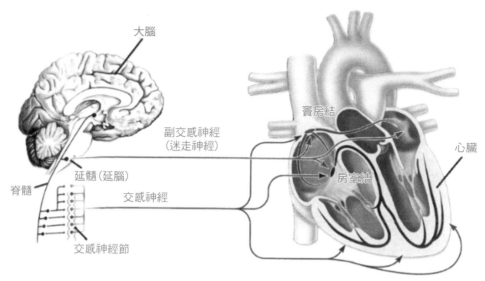

大腦

副交感神經
（迷走神經）

竇房結

心臟

脊髓

延髓（延腦）

交感神經

房室結

交感神經節

圖表9·2 心率與自律神經系統之間的關係。

　　就算在安靜狀態下，心率的跳動週期也會因為兩顆旋鈕的鬆緊程度不同而有變化，醫學界將這種心率週期變異的程度稱為「心率變異度」。

　　假設沒有這兩顆旋鈕，心率只是由竇房結來控制的話，人的平均心率在 100 bpm，但因為副交感神經作用，使人在安靜狀態下可以把心率調降到 70、60，甚至 50 bpm 以下，長年接受訓練的長跑選手心率比較低，即是因為他們的副交感神經比較強勢。

　　經由研究顯示心率要高於 100 bpm 以上，交感神經才會開始掌控主導權。當你在安靜狀態下，副交感神經比較強勢，所以心跳下降。剛開始跑步時，心率會上升的主因是「副交感神經刺激減少」，等心率到 100 bpm 以上，心率爬升的主因才變成「交感神經刺激增加」。

　　HRV 愈高的人，心率不只在加速時反應靈敏，下降的反應也很迅速，

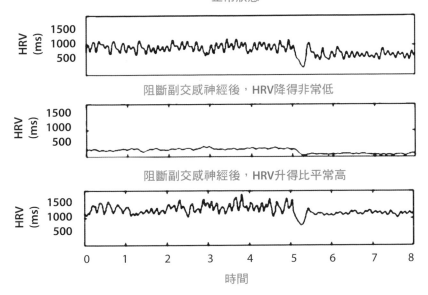

圖表9·3 透過科學家的研究發現，HRV 愈高，代表副交感神經的活性愈好；HRV 愈低，代表交感神經的活性增加。（資料摘自 Firstbeat Technologies Ltd 所發表的 "Stress and Recovery Analysis Method Based on 24-hour Heart Rate Variability"）

所以有長年訓練的跑者在間歇訓練休息時，心率會比一般人更快掉下來。

　　圖表9·3 是運動科學家所進行的實驗：1. 他們先測量受試者在正常狀態下的 HRV，當作對照組，大都在 1000 毫秒上下；2. 接著服藥阻斷副交感神經的活性，發現 HRV 降得非常低；3. 等身體恢復後再服藥阻斷交感神經，發現 HRV 大幅提高。附帶一提，大部分的減肥藥都在刺激交感神經，讓你的身體一直處於亢奮狀態，所以就算不做大量運動也能提高燃脂率。

　　心理學家把心率變異度做為人類「意志力」的量化指標，HRV 的值愈大，意志力愈堅強。其中一項有趣的實驗，是心理學家找了一群小朋

從心率變化看團練的意義

對大部分的進階跑者來說，時常發現已跑到強度 4 區的配速了，心率卻還上不去，只停留在 2~3 區，但又覺得很累了，這是怎麼回事呢？這正是因為長年訓練使得副交感神經特別強勢的關係，進而抑制心率提升。所以對這些跑者來說，訓練時用配速來監控強度比較適合，但也要帶心率錶，目的是為了分析與確認自己的課表是否需要調整。

比賽時的情況則剛好相反，因為比賽興奮的情緒與整體的氣氛會強化交感神經，使得跑者在鳴槍前就心兒狂跳，而且比賽過程中心率會比訓練時高。習慣使用心率錶的跑者一定會發現，同樣都是 180 bpm 的心率，訓練時會喘得要死，但比賽時卻好像如有神助，到了 180 bpm 仍能穩定呼吸。原因就是交感神經被刺激後，過於活躍的結果。平常訓練為了能達到同樣的結果，團練的氣氛很重要，這也是為何像跑步這種個人運動也要集訓。在不斷追求進步的路上，人是需要互相刺激才容易拉高心率與提高攝氧量，所以如果你已經是頂尖的跑者，建議要找同樣程度的夥伴一起練有強度的間歇，比較容易進步。

友先測量 HRV，讓他們禁食一段時間，當他們都飢腸轆轆的時候，把他們帶進一間充滿蛋糕和糖果的房間，科學家們警告他們：「這段時間不能動裡面的食物，這些食物是要給其他客人吃的。等一下就會給你們吃午餐了喔！」隨著時間過去，小朋友都餓得受不了，陸續開始吃起來，實驗結果發現 HRV 愈高的小朋友（意志力愈堅強），愈能忍耐不去吃那些食物，HRV 最高的幾位小朋友，甚至能忍住飢火中燒，看著其他人在面前大快朵頤。

這種變異度類似冷氣機的「變頻」功能，可以快速讓室內的溫度回復到你設定的溫度。變頻效果愈好，調節能力也愈強。比如說冷氣房裡忽然進來了一百位剛打完球的學生，好的變頻冷氣會在偵測到變化後立即加速運轉，避免等大家都感覺很熱之後才來補救。一個具有較高心率

變異度的跑者，也可以在強度改變時快速做出反應。例如間歇訓練時，身體忽然從靜止狀態加快到 I 配速，此時心率要能即時反應來幫助運輸氧氣、二氧化碳與乳酸等副產物。不只是身體，HRV 高的人在越野跑時比較能快速辨別方向與踩點。這種身心的敏銳度，都可以從 HRV 這個數值看出來。

對跑者來說，誰的 HRV 愈高代表身體的有氧能力愈好，這一類跑者的心率變化速度較快，換句話說，就是能將血液更快地運送到肌肉，減少運動開始時的無氧時間。它也可以呈現出身體的恢復狀況，數值愈高代表體能狀況愈好，身心都處於隨時應付各種挑戰的最佳狀態。

結論是：高強度的訓練後 HRV 仍然很高，代表他很耐操；若是訓練前測出較高的 HRV 值，則代表恢復狀況良好，可以繼續操。

下面是某跑者在「訓練前」與「訓練後 1 小時」用跑錶所量測的 HRV。從這張表可以很明顯看出，訓練後的 HRV 比訓練前低。

從圖表 9·4 可以看出第 1、2、4、8、10、12 次課表訓練前後的 HRV 變化很人，那表示該次課表的訓練量很大。下面針對這些數據來做一些說明：

- 1 號課表是第六級 R 強度訓練，所以練完後 HRV 一次下降了 32，同樣的課表到了第二次（5 號課表），下降的比例就減少了，明顯是適應的表現。
- 4 號課表是間歇訓練，過去兩個月很少進行強度 3 區以上的訓練，所以跑完六趟間歇後 HRV 下降了 30 以上。
- 8 號課表執行前，原本練第 1 級 E 強度的長跑，這一次跑完第 2 級 M 強度 1 小時後，再加上短衝了六趟，HRV 也掉了 30 以上。
- 10、12 號課表分別是兩次長跑，HRV 的變化也很明顯。

編號	課表摘要	訓練前 HRV	訓練後 HRV	HRV 差距
1	(R 200m+ 慢跑 200m) × 6 + T 節奏跑 20 分鐘 + (R 200m+ 慢跑 200m)× 6	98	66	32
2	(R 200m+ 慢跑 200m+R 200m+ 慢跑 200m+R 400m+ 慢跑 400m) × 3	77	49	28
3	肌力＋T 節奏跑 3K	80	70	10
4	(T 5 分鐘) × 6	97	65	32
5	(R 200m+ 慢跑 200m+R 200m+ 慢跑 200m+R 400m+ 慢跑 400m) × 3	91	66	25
6	E 1 小時 + 6ST	78	56	22
7	E 13K	93	72	21
8	M 1 小時 + 6ST	96	66	30
9	E 5K	86	91	-5
10	E 21K	93	56	37
11	E 4K + (R 200m+ 慢跑 200m) × 4 + R 400m+ 慢跑 400m	90	77	13
12	E17K	98	72	26

圖表9‧4　半個月中不同課表「訓練前」與「訓練後 1 小時」所量測的 HRV 變化情形。課表中的第一個英文字母都是代表訓練強度，E 代表最輕鬆的強度 1 區；M 代表強度 2 區；T 代表強度 3 區；A 代表強度 4 區；I代表強度 5 區；R 代表強度 6 區。

　　從 9 號課表可以看到一個有趣的現像，E 強度慢跑完 5 公里，HRV反而上升了 5，可見當天恢復跑的目的有效達成。

　　從這些數據也可以看出這位跑者的 HRV 要回復到 90 以上，再進行訓練量較大課表比較妥當，它讓運動員可以很客觀地避免掉過度訓練的情形。

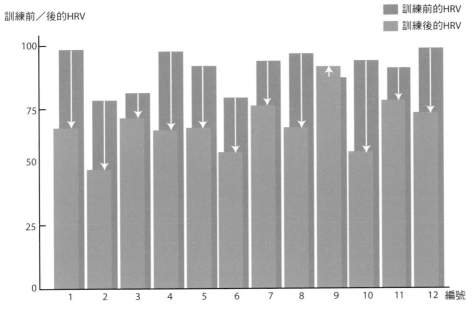

訓練前／後的HRV

訓練前的HRV
訓練後的HRV

圖表9·5 訓練前後 HRV 的變化情形。

藉由 App 測量 HRV 來量化身體的壓力程度

目前有多款手機 APP 可以直接利用智慧型手機來量測自己的 HRV，有些要搭配藍牙心跳帶（會比較準），有些則直接用攝影鏡頭的感光元件來蒐集數據。APPLE Store 上就有十二款 APP：

1. HRV +（免費）
2. Elite HRV（免費）
3. HRV Tracker（免費）
4. BioForce HRV（免費）
5. EC-HRV test（免費）
6. SweatBeat HRV（免費）
7. SelfLoops HRV（免費）
8. Igtimi HRV（免費）
9. Magenceutical Health - HaloBeat HRV（NT$ 750）

10. HRV with Alice（NT$ 60）

11. HeartsRing HRV-Breath-Biofeedback（NT$ 590）

12. Primal Blueprint - PrimalBeat HRV（NT$ 300）。

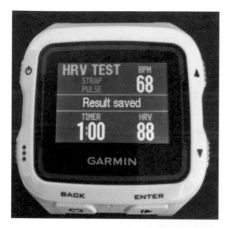

圖表9-6 用 Garmin 920XT 量測完 HRV 的畫面。

其中有八款是免費的，但另外四款需付費，付費的紀錄、統計與分析功能比較完整，最貴的那款（第 9 款）甚至還有特殊設計的療程（運動處方）來幫你提升 HRV。

目前 Garmin 920XT 和 fēnix3 可以下載 HRV 的 APP 套件，直接在手錶上進行量測，但和 APP 相較，缺點是無法記錄和分析。

HRV 是如何被計算出來的

要取得 HRV 這項數據，有很多種方法，主要分兩種：「時域分析」和「頻域分析」。穿戴裝置都是用時域分析，它是用「間距的標準差」來計算，也就是各個「間隔」距離平均值的偏差程度。

一般來說，「間隔」的取法是心電圖中最高峰 R 波之間的距離（R-R Intervals），見圖表9-7：

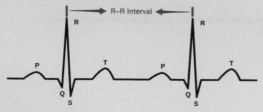

圖表9-7 R-R Intervals：在心電圖中，心臟搏動兩次之間最高峰 R 波的時間差。

如果用光學式，只有一個偵測點時，只能用手腕上的血流脈動，來推測心臟律動時的 R-R 波間距。這種量測方式只是推估，並非實際掌握每兩個 R 波的間距。當然還是可以得到一組數據來計算標準差（Standard Diviation），算取心率變異度，但跟胸式心率帶比起來較不精確。

心率帶得到的 R 波間距當然不比醫院裡顯示的心電圖，在醫院裡，最少用三個電極才能把其他 P 波、T 波、U 波都標示出來，畫出精確的心電圖。使用心率帶的限制是，當心臟跳一下時，你會不確定取在「剛開始跳」還是「快跳完」，無法像心電圖的數據明確地抓到每一次跳動的 R 波所在位置。當然，我們不可能每天都去醫院在胸口貼上電極測 HRV，雖然用心率錶略微不準，但它已是最便利的選項。

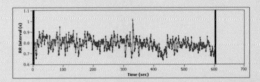

圖表9‧8　10 分鐘內 R-R Intervals 的變化曲線圖。

當 R 波量測出來後，就能得到 R-R 波之間的間距。上圖是間距的變化，間距大小從 0.6 秒到 1 秒，平均是 0.8 秒。接著把這些間距的「標準差」計算出來即是心率變異度。

標準差的意義是：各項數據的離散程度，標準差愈大表示各數據互相差異愈大。在計算 HRV 時是使用母體標準差（σ，唸 sigma），它的計算方式是：

1. 先從母體（固定時間中的 R-R 間隔）中抽取 N 個數據，假設其值分別為 X1、X2、X3、X4……
2. 求母體平均數（μ），也就是（X1+X2+X3+X4……）÷N
3. $\sigma = （Xi-\mu）2÷N$ 之後再開平方根號，公式可寫為：

$$\sigma = \sqrt{\frac{\sum(x_i - \mu)^2}{N}}$$

公式看起來很複雜，其實它的意義可用幾何解釋：想像你站在一條直線道路的中點上（假設你是平均值），在這條路上還站有一百個其他跑者，他們跟你之間的距離散布在 X1~X100，假設小明為 1 號跑者，他距離你 X1（10 公尺），X1 的平方代表的意義即是面積 100 平方公尺，我們把這一百個面積加起來再除以總數（N），即可得到這些面積的平均值，接著再開根號回到距離單位。這就是上面公式的意義，上述列出的手機 APP 與跑錶中顯示的 HRV，都是用這種「母體標準差」的方式計算出來的。

3. 壓力愈大，訓練效果愈好

前面我們提過 Firstbeat 替不少跑錶做研發分析功能，除了最大攝氧量之外，最棒的兩項數據是「訓練效果」（Training Effect, TE）與「恢復時間」（Recovery Time）。

曾得過七次山徑跑世界冠軍的傳奇人物強納森‧懷亞特（Jonathan Wyatt）曾說：「我真的很看重『TE』這個分析數據。它不但即時告訴我當前訓練的費力程度，也為我的訓練情況提供了很棒的資訊。這就是科學化訓練該有的樣貌啊！」

TE 是一項相當個人化的量化指標，它的數值從 1.0~5.0，能客觀地量化這次訓練到底是「輕鬆」還是「辛苦」，數值愈高代表訓練愈辛苦，身體承受的壓力愈大，但同時也代表這次的訓練效果愈好。

圖表9‧9 訓練效果的定義。

訓練效果	自我感覺	有氧效益	效果描述
TE1.0~1.9	非常輕鬆	動態恢復	它主要的目的在「縮短恢復時間」，當你在這個訓練效果中訓練達 1 個小時以上，可以替有氧體能打好基礎，對入門跑者來，這種訓練量的課表很適合用來發展有氧耐力的基礎。但對於訓練有素的跑者而言，此種訓練量對運動表現完全沒有幫助。也就是說，如果你的訓練結果一直在這個區間，你的成績永遠不會進步。

訓練效果	自我感覺	有氧效益	效果描述
TE2.0~2.9	輕鬆	維持體能	這類的課表有助於維持你目前的有氧能力。此外，具有這類效果的訓練，也能替未來的高強度訓練打下穩固的基礎。此級訓練量的課表對任何訓練計畫都是不可獲缺的一部分，它是體能維持穩固的基礎，就像建築物的梁柱一樣。
TE3.0~3.9	中等強度	提升體能	TE3.0 以上的課表，若能每週練 2 次，就能有效提升有氧運動表現 (但不宜超過 4 次)，而且這級訓練效果還不需要特別的恢復時間。
TE4.0~4.9	很辛苦	大幅度提升體能	TE4.0 以上的課表若能每週練 1~2 次，就能大幅提升有氧運動表現，但前提是中間需要穿插 TE1.0~2.9 之間的恢復訓練 2~3 次。
TE5.0	非常辛苦	此次訓練已超量	這類課表也能大幅提升有氧運動表現，但休息時間要延長很多，身體才能恢復到正常狀態。TE5.0 雖然效果十足，但這種下猛藥的練法對身體會造成很大的壓力，所以不宜多練，太常進行這類特效藥的課表會導致過度訓練 (Overtraining)。不建議入門跑者吃下此類課表，只適合體能水準較高 (跑力 50 以上) 的跑者在特定情況下服用。

　　剛開始訓練時的訓練效果是1.0，當你開始練跑後數值會開始累積，跑得愈快，累積也愈快；也就是說一樣是跑1小時，慢跑跟比賽的效果是不同的。比賽數值會很高，所以對有些常參加比賽的人來說的確可以以賽代訓，但同時也因為效果高，所以對身體形成的壓力也很大。以賽代訓的跑者（像是每週連馬），一開始可能還會進步，但到後來幾乎都止步不前（或甚至退步），那是因為身體一直承受著壓力，沒有多餘的體力拉高訓練強度，沒有強度就很難進步。

圖表9·10　訓練剛開始時，「訓練效果」會從 1.0 開始累積。

圖表9·11　用強度 2 區跑了 12 公里後，訓練效果累積到 3.7。

4. 如實設定個人資料，
效果準確度才會提高

圖表9‧12 個人資訊要如實設定，測出來的訓練效果才會準確，其中「活動層級」尤其重要。

計算 TE 需要兩種資料：背景參數與即時參數。背景參數就是指跑者的個人資料，像是：性別、年齡、身高、體重，以及最重要的「最大心率」。前面也提過最大心率一定要實際檢測出來，不能套公式（檢測方式請參考第 46 頁）。

另外還有一些資料是上傳一段時間的訓練結果所計算出來的數據，像是活動層級。活動層級的分級標準是從每週的訓練時數與頻率來判斷，以 Garmin 的跑錶來說，目前必須先到 Garmin Connect 的網站或 APP 上設定自己的等級。

評估自己活動層級的方式

Firstbeat 把使用者的活動量分成十級，分級方式如下。你可以看看自己平均花多少時間訓練，假設你每週總訓練時數為 50 分鐘，那你就是第五級。

活動層級	平路跑 E 配速 90 分鐘後心率飄移 %	層級描述	
0	25%	平常總是避免花力氣的運動	平常沒有從事體能訓練的習慣。
1	20%	平常會去散步和爬樓梯，但很少做一些有強度需要大口呼吸的體能訓練	
2	18%	每週練跑 10~60 分鐘	平常有規律運動的習慣，強度適中，並不常進行高強度的訓練。
3	16%	每週練跑 1 小時以上 (不進行高強度訓練)	
4	14%	每週練跑少於 30 分鐘 (含高強度訓練)	
5	13%	每週練跑 30~60 分鐘 (含高強度訓練)	
6	12%	每週練跑 1~3 小時 (含高強度訓練)	每週會從事 2~5 次較大量的訓練。
7	11%	每週練跑 3~5 小時 (含高強度訓練)	
7.5	10%	每週練跑 5~7 小時 (含高強度訓練)	
8	9%	每週練跑 7~9 小時	幾乎每天都訓練 (地區級的運動員，以女性來說最大攝氧量要在 59 以上，男性要在 65 以上)。
8.5	7%	每週練跑 9~11 小時	每天都會訓練 (國家級的運動員，以女性來說最大攝氧量要在 63 以上，男性要在 69 以上)。
9	5%	每週練跑 11~13 小時	
9.5	3%	每週練跑 13~15 小時	每天都會訓練 (世界級的運動員，以女性來說最大攝氧量要在 71 以上，男性要在 77 以上)。
10	1%	每週練跑 15 小時以上	

圖表9·13　活動層級的定義方式 (參考資料 Jackson et al. Prediction of functional aerobic capacity without exercise testing. Medicine and Science in Sports & Exercise 22:863:870, 1990.)。

我們另外設計了一個更客觀的評估方式，就是利用心率飄移的百分比來分級：

1. 找一段平路，用你的 E 配速（強度 1 區的配速）跑 90 分鐘。

2. 到第 10 分鐘時，把心率數值記下來。

3. 到第 90 分鐘時，把心率數值記下來。

4. 計算心率飄移的比例。例如第 10 分鐘的心率是 150 bpm，第 90 分鐘是 162 bpm，心率飄移的比率就是：（163-150）÷ 150 = 9%

5. 從圖表9‧13 中可以對應出活動量是第 8 級。

（注：若超過 20% 以上的時間，你的配速超過 M 配速，這次的檢測就不算，意思是此次檢測的速度要統一在 E 配速區間。）

利用跑錶來評估訓練效果

　　估計 TE 還需要運動中不斷輸入演算模組的即時資料，以跑步來說，就是心率、配速、海拔高度，以及前面所提到的「EPOC 之最高值」（Peak EPOC）。前面已經談過，訓練結束耗氧量會比平常安靜狀態來得高，增加的耗氧量稱為 EPOC。Firstbeat 就是利用圖表9·14 來決定你此次訓

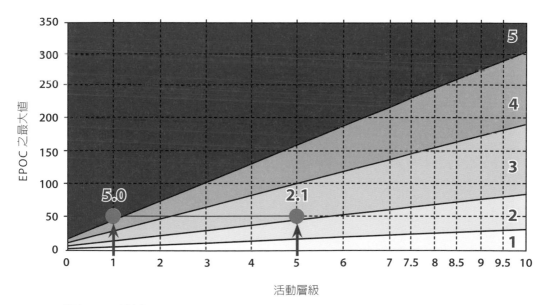

圖表9·14　訓練效果與 Peak EPOC 之間的關係：同樣的訓練量對活動量 1 級的跑者而言已是超量訓練，但對活動量 5 級的跑者而言，訓練效果僅僅只能維持體能而已。

練的效果，座標軸中的橫軸是活動層級，縱軸是 EPOC 的最高值，圖表 9‧14 中的五條斜線分別代表 TE 1.0~5.0。

如此，只要知道你的活動層級與此次訓練的 EPOC 最高值，就能評估此次的訓練效果。例如同樣是 EPOC 最高值為 50（ml/kg）的訓練，對活動量 1 級的跑者來說，訓練效果已達 5.0 以上，算是超量訓練，但對活動量 5 級的跑者而言，訓練效果剛超過 2.0，所以這種訓練幾乎無法提升他的體能。

換句話說，活動層級較高的人需要更艱苦的訓練，達到更高的 EPOC，才能達到相近的訓練效果。比如說今天想要達到 TE4.0 的效果，活動量 10 級的跑者要達到 EPOC 200（ml/kg）才行，但活動量 5 級的跑者只要到 100 （ml/kg）即可。

目前 TE 也可以在訓練當下即時顯示，所以運動員現在可以在開始訓練後，藉由監控 TE 的數值來判斷今天的訓練何時可以結束。這樣就能確保訓練達到最佳化，又不會練得太累或太輕鬆。我們建議跑者可以把 TE 設在跑錶某個顯示頁面上，藉此監控即時的訓練效果。

TE 很接近訓練量的概念，它是把「訓練強度」與「訓練時間」加成起來的數據，再量化你的訓練效果。比如說你全力跑一場 10 公里的路跑賽跟全程馬拉松的結果都接近 5.0，像間歇、節奏跑與長距離的 LSD，雖然結果不同，但如果時間拿捏恰當，訓練效果都可以落在 3 與 4 之間。

「訓練效果」和「訓練壓力」是一體的兩面，訓練效果好代表施加在身體上的壓力也大，所需的恢復時間也會愈長。

訓練效果愈好，恢復時間也愈長

所謂恢復（Recovery），是指壓力消失後身體活躍程度降緩的過程，例如舉重過後肌肉恢復柔軟與彈性的過程，但如果舉重隔天肌肉又痛又硬，仍處於高度活躍的狀態，那就代表還沒恢復。恢復期間，副交感神經會開始掌管自律神經系統，身心的復原機制也藉此啓動與運作。

當恢復機制強力運作時，HR 會下降，HRV 會升高，所以跑錶上的恢復時間就是藉由 HR 與 HRV 的數值來推估。什麼時候的 HR 最低呢？你或許已經猜到，是晚上睡覺時。所以睡眠的時間與品質和你的恢復情況息息相關。如果白天很忙碌或神經緊繃一整天，晚上通常會睡不好，或是晚餐後還喝刺激性的飲料（例如咖啡），啓動了交感神經，身體也不容易進入睡眠（恢復）狀態。

這也是為什麼全職跑者的表現會

圖表9‧15　手錶上的恢復時間。

比業餘跑者表現要好，就算兩者的訓練量一樣，也吃一樣營養的食物，但業餘跑者在訓練前後都要工作，工作時交感神經仍跟訓練時一樣繼續啟動，副交感神經被抑制，使得身體無法好好恢復，訓練量無法吸收，再加量也是白練。

目前 Firstbeat 是直接採用 HR 與 HRV 兩個數據，與當次的訓練量來推算跑者的恢復時間，因為這這些數據不用侵入性裝備就可取得，只要戴上心率帶即可。每次訓練完跑錶就會顯示預估的恢復時間。有時候會非常長，甚至超過 48 小時，讓人不禁懷疑它的可信度，但經過深入了解後才明白，上面顯示的時間是身體可以完全恢復的時間，在這段時間仍可練跑，只是此時跑步是為了「恢復」，而不是為了變強。

比賽的配速策略

第 10 章

學習利用跑錶在比賽時有效分配體能

有不少跑者習慣先決定目標成績，再計算配速，用來分配全馬賽事中的體能。但「配速」的缺點是沒有考慮到環境的各種變因，像風向、天候和坡道。預設完賽時間會變成在比賽中追著配速跑，所以「M 配速」並不能當成全馬的配速。它只是做為「訓練」的基準，不能用來「比賽」，這或許是大多數人常誤解的部分。

不只跑力較低的跑者不應該以 M 配速來預測全馬成績，跑力高的人也不建議如此做，在比賽時最好的體能分配策略，是利用「心率區間」。但該如何運用，我們將長年累積的經驗歸納成幾種配速策略，跟大家分享。

1. 半馬配速策略

對於路跑比賽來說，心率錶是目前最好的體能分配利器。除非是少數很認識自己身體的跑者，能自行憑經驗配出好成績。但大部分的跑者，在比賽前半段都會「自我感覺特別良好」，造成後半段失速。根據心率來分配體力，能讓跑者在比賽中發揮出自己該有的實力，不會因為不小心跟著別人的步伐就跑太快。因此學習在比賽中使用心率錶來監控自己的心率非常重要，對於比賽配速較無經驗的跑者來說，它能有效幫你發揮最佳表現。

下面我們擬定了兩份以心率區間為依據的半馬配速分配 SOP。使用這兩份 SOP 的前提，是心率區間要設定正確，也就是最大心率、安靜心率都必須依之前的流程進行實際檢測，儲備心率百分比也要依照之前所提到的五個心率區間來設定。

心率區間愈高，所能夠維持的時間愈短，下面是依過去分析跑者在比賽中的心率數據所歸納出來的平均值：

平均的維持時間	心率區間
4 小時以上（因人而異）	2.1~2.3
3 小時 45 分 ~4 小時整	2.2~2.4
3 小時 30 分 ~3 小時 45 分	2.4~2.6
3 小時 15 分 ~3 小時 30 分	2.6~2.7
3 小時 ~3 小時 15 分	2.7~2.8
2~3 小時	2.8~2.9
1.5~2 小時	2.9~3.0
1~1.5 小時	3.0~3.5
1 小時左右	3.5~4.0
12 分鐘 ~1 小時	4.0~5.0
6~12 分鐘	5.0~6.0

圖表10·1 不同的心率區間可維持的時間長度表。2.0 是指 74%HRR；3.0 是指 84%HRR；4.0 是指 88%HRR；5.0 是指 95%HRR；6.0 是指最大心率。

初階策略：半馬成績在 2 小時以上者

- 1~10K：讓心率維持在 2.5~3.0，按照身體感受調整：
  1. 若感覺好，讓心率保持在 3.0；
  2. 若感覺差，讓心率保持在 2.5，調整步調。
- 10~18K：可將心率提高到 3.0~3.5，比賽至此，雖然心率提高，但肌肉疲倦，配速可能會持平或變慢，請以心率為準，不要去追配速。
- 18K~21.1K（最後 3 公里）：如果覺得有點勉強，請維持 3.5 的強度；但如果覺得還可以，最高可拉至 4.0，此強度應該可以再撐 15 分鐘左右。

進階策略：半馬成績在 2 小時以內者

- 1~3K：讓心率維持在 3.0。
- 3~10K：讓心率維持在 3.0~3.5，按照身體感受調整：
  1. 若感覺好，讓心率保持在 3.5；
  2. 若感覺差，讓心率保持在 3.0，調整步調。
- 10~15K：可將心率提高到 3.5~4.0。
- 15~19K：將心率維持在 4.0。因比賽至此，雖然心率提高，但肌肉疲倦，配速可能會持平或變慢，請以心率為準，不要去追配速。
- 19K~21.1K（最後 2 公里）：如果覺得有點勉強，請維持 4.0 的強度，但如果覺得還可以，最高可拉至 5.0，此強度應該可以再撐 6~12 分鐘左右，目的是跑到終點時剛好衰竭。

有不少學員用了這套策略後跑出最佳成績，但還是有少數人在執行這套策略時碰到困難。有位跑者用了進階策略跑出了 1 小時 44 分鐘，但他反應心率很難維持在 3.0 以上，4.0 則完全到不了。如果你也有心率上不去的情況，可能有下列四種原因：

1. 最可能的問題是：目前所設定的最大心率和安靜心率不夠準確。

2. 很少練間歇，所以在提高強度時還不習慣，所以心率上不去。

3. 肌耐力不足，後半段不是心肺不行，而是腳累了，所以想快也快不了。

4. 前面三個原因都很明顯，很容易發現。若都不是，代表你該多練 T 心率的節奏跑，使身體保持節奏的能力提升。

2. 全馬比賽策略

找到適合自己的馬拉松心率區間

M 強度的訓練很少會一次練超過 1 小時，原因很簡單，因為跑 1 小時 M 強度課表的壓力，相當於你跑 2 小時 E 配速的 LSD。M 課表的訓練算是一種高強度的LSD，它會給身體帶來較大的壓力。「訓練壓力」和「訓練效果」是一體的兩面，壓力較大同時也代表訓練效果較好。

假設某跑者用耐力網找出的 M 配速是 5:30/km，在練習一陣子後，身體會適應與習慣這股壓力，這時會發生兩種效果：

1. M 心率區間不變，但速度比之前快。
2. 可以用原本的 M 配速維持更長時間。

圖表10·2　M 心率區間是指 2.0~2.9。

我們建議剛開始練 M 強度課表時先看心率，馬拉松的心率區間是 2.0~2.9，但這個範圍還是太廣，比賽前需要針對個人目前的程度來微調目標的 M 心率區間。微調的方式是依據你全馬的預估完賽時間。速度愈快的跑者，代表比較快完賽，所以能用更高

的心率下去比賽；反之，完賽時間愈長的跑者，就必須用較低的心率才能撐完全場。圖表10·3 的區間範圍是我們研究眾多學員的全馬數據所歸納出來的統計結果。

全馬預估完賽時間	賽前需要習慣的馬拉松心率區間
4 小時整 ~4 小時 15 分	2.1~2.3
3 小時 45 分 ~4 小時整	2.3~2.4
3 小時 30 分 ~3 小時 45 分	2.4~2.6
3 小時 15 分 ~3 小時 30 分	2.6~2.7
3 小時整 ~3 小時 15 分	2.7~2.8
3 小時以內	2.8~2.9

圖表10·3 左欄是指你目前全馬比賽的預估完賽時間；右欄是指 M 課表預定訓練心率區間

初階策略：全馬目標在 3 小時 30 分～ 4 小時整

- 1~20K：心率控制在區間 1.7~2.1，介乎於 E 與 M 強度之間，前面的 20K 當作是暖身跑。
- 20-35K：心率在區間 2.1~2.4，此時應該仍然感覺游刃有餘，但千萬不能急躁。
- 35-40K：心率控制在區間 2.4~3.0。若行有餘力，最後 2 公里可以加速。

進階策略：全馬成績在 3 小時 30 分以內者

- 1~20K：心率控制在區間 2.1~2.5，維持適當的配速前進。切記不要讓心率超過 2.5。

- 20~30K：讓心率維持在 2.5~2.6。

- 30~35K：讓心率維持在 2.5~2.8。

- 35~40K：讓心率維持在 2.8~3.0；若此時配速還有 4 分速，可以把心率拉到 3.5~4.0。

- 40~42K（最後 2 公里）：最後 2 公里，不管心率了，若有餘力就盡量把力氣用盡吧！目的是跑過終點時剛好衰竭。

衰竭 vs 破 PB

3.

　　跑到最後要「剛好衰竭」。妥當嗎？路跑賽發生意外的消息時有耳聞，這個詞會不會誤倒跑者發生危險？

　　「衰竭」是運動生理學家的用語，它指的是「身體失去原本的運動能力」，但衰竭這個詞很可能會讓一般人聯想到休克或暈倒，或是想到「部隊體罰」或「參賽休克」至死的新聞畫面，雖然這兩種情況也是把體能的正常機制操到衰竭。體罰是被迫的，但在耐力運動中消耗體能的過程，是自由意志為了挑戰極限的過程，我們對衰竭何時發生具有掌控權，當然，大部分跑者的掌控能力可能不太好，就算是菁英選手也有判斷失誤，造成後半段失速，輸掉重要比賽或甚至休克的例子。

　　如果你跑步的目的不是為了要突破個人最佳成績（破 PB），也不是在挑戰身心的極限，只是想健身和休閒，那當然不建議採用我的策略，比賽時只要用穩定的 M 心率就可以跑出不錯的成績，沒有必要冒險；但如果你想在比賽中把訓練的成果發揮出來，你就可以嘗試挑戰極限的痛苦和美妙之處，那是會讓人上癮的滋味，就像搭雲霄飛車一樣。

　　「挑戰自我」是不少跑者常掛在嘴邊或放在心底的話，但大部分這麼說（或這麼想）的人，有時卻同時逃避挑戰所帶來的風險。任何想要

挑戰自我、突破最佳成績的跑者，必須先承認風險的存在，然後在比賽中準備好面對它。

　　觸碰極限就像玩火一樣有風險，重點是風險管理，而非排斥它。我們透過一次次的訓練和比賽，學習在風險中掌舵的能力，跑錶的監控功能就像羅盤，幫助我們在風浪中順利達成目標。若你在 YouTube 上蒐尋丹尼斯（Dennis Kimetto）在柏林馬拉松以 2:02:57 的成績打破紀界紀錄的影片，你會看到他「剛好」衰竭的畫面，他在通過終點線後蹣跚地走了 3 公尺，手撐著膝蓋喘氣的身體狀態，我們想他若用進終點的強度再多跑 50 公尺就會立刻倒下，不，也許再 30 公尺就會倒地休克。

　　為什麼還是有許多人想把自己逼向極限，朝休克的高風險邁進呢？

人之所以異於禽獸：
不為食物與傳宗接代而跑

　　大多數的跑者並非只是為了得名上台或是獎金等表象，而冒著衰竭的風險在賽道上全力奔馳。人是一種動物，雖具獨一無二的人性，但也被包含在所有動物都存在的動物性之中。過去會認為「意志」是人獸之間的差別，但事實說明並非如此，像為了繁衍後代的候鳥、逐水草而遷徙數千公里的東非斑馬、牛羚和瞪羚等動物的求生意志，更勝人類。為了把基因傳承下去，執行食、色本性的意志，世間動物皆然，但人類的特殊之處在於我們具有選擇的意志，一種自我管理的能力，這種能力使我們超越好吃、懶惰、安逸、暴力。人為了超越天生的動物性，提升自我的控制能力，必須透過一些行為來確認自己是有能力克服這些根植在基因裡的本性。在競賽中追求個人的 PB 則是眾多行為之一。

　　世界上所有的動物中，只有人類不為了追求另一半、不為了繁衍下一代、也不為了食物或求生，而一再自發性地把身體逼向極限。這是人類異於禽獸最特別之處。候鳥並不會為了飛得更快更遠而辛勤不懈地練習飛行技巧，但我們會為了超越自我的極限而練跑。

　　跑者透過意志力把身體逼向衰竭的過程中，把掌控權從先天與後天習得的慣性中奪過來，超越動物性，往人性的方向提升，甚而在某些無

法預測的時刻裡體驗到神性的美妙（Runner's High）。

　　活在行銷手段充斥的現代，各種資訊被創造出來的目的是為了刻意激發人的各種動物性，讓意志紛馳，使身體跟著舊習與慾望走，最好能在不自覺中下決定，按下購物鍵。通過規律的訓練與痛苦的比賽過程，控制自我的能力增加了。要求身體去面對缺氧、乳酸堆積、肌肉痠痛與身心疲累等痛苦時，都需要動用極大的意志力來克服天生趨向舒適與安逸的慾望。在極限邊緣徘徊時，身體被痛苦充滿，為了抵達終點，只能專心與自己的身體對話，說服自己不要放棄，維持在臨界點往終點前進。

　　跑者們為何要一再地重複在賽場上追求極限呢？因為在痛苦當下，自己有能力超越它，不屈服於身體本有的限制而掌控它，那種超越感會一直延續到訓練或比賽結束，讓人產生面對人生的信心與勇氣。

　　透過比賽，我們能更認識自己的身體，了解自己的極限。這只是第一層境界，真正能挑戰自我的人，是那些否認極限與一再突破它的人——這個過程有衰竭與休克的風險，我們必須先認清它的存在。

比賽中體能分配失當的休克經驗

有位跑者 A 用了上述的半馬配速策略後，在比賽中發生休克，最後被救護車載走。當他傳訊息來時我們嚇了一跳，他說：「人生弟一次落馬，還搞到送醫急救，確實有點危險。再發生昏迷前，我並沒有感到不舒服就瞬間倒下，之後醒來就在急診室。」也就是說，昏倒後完全失去意識，這是衰竭結果中最糟的一種。

等他從醫院回來後，他把比賽過程中心率錶裡的數據傳給我們分析，接著又通了幾封信之後，才發現問題所在。在此跟大家分享，以免同樣的情況再度發生。

我們問他的最大心率和安靜心率分別是多少，他說實測數值是最大心率 176 bpm、安靜心率 46 bpm，因此他各強度的心率區間是：

強度	儲備心率 %	心率區間 （bpm）
E 心率區：1.0~1.9	59-74%	123~142
M 心率區：2.0~2.9	74-84%	142~155
T 心率區：3.0~3.9	84-88%	155~160
A 心率區：4.0~4.9	88-95%	160~170
I 心率區：5.0~5.9	95-100%	170~176
第 6 區：R 強度	不考慮心率	—

圖表10·4　此位跑者的五級心率區間。

圖表10·5 為這位跑者在比賽中的心率曲線圖，可以看到他在 3 公里以後，心率就大都在 160 bpm 以上，對他來說，也就是心率區間 4.0 的強度。人在乳酸閾值配速（區間 3.0~3.9）下，最多撐 60 分鐘就會開始衰竭，而我們前面所列的 SOP 中前 10 公里的策略是：「讓心率維持在 2.5~3.0」。這些策略的目的，就是希望跑者在前半段不要跑到閾值區間，以保持後半馬的續航力。

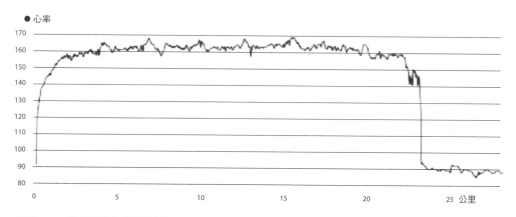

圖表10·5 前半段的心率就高達 160bpm 以上，也就是此位跑者的強度 4.0，在這種強度下人的身體無法維持太久，但他一直硬撐下去而不自覺，所以最後昏倒在賽道上。

所以我們覺得這位跑者之所以會休克，正是因為比賽剛開始時太過緊張興奮，或是求好心切，不自覺加到自己無法負荷全程的速度。一般人前面衝太快，後面頂多就是失速變慢，跑出不好的成績罷了，休克的比率很少。像他一樣跑到休克是不容易的，因為人的身體都有防衛機制，有危險時會自動放慢，可能他的機制比較不靈敏，或是意志比體能強大，所以才會發生危險。

從他傳來的分析，3~10k 全都飆到 4.0（心率 160bpm）以上的區間，

後面又拉到 4.5（心率 165bpm），此時因為比賽的氣氛一 HIGH 起來，防衛機制被抑制沒啟動，危險就此發生。此時若他能用心率錶監控，在前半段確實把心率壓在 3.0 以下，就不會發生這樣的狀況了。

依我們過去的觀察發現，菁英選手反而更容易休克。應該是因為菁英選手的意志力比一般人更強大，透過長年刻苦的訓練，正常的防衛機制已被拆除殆盡，所以在比賽時為了求得好成績，常會超過界限而昏倒。

不少鐵人都有休克過。畢竟練鐵人的意志力都很驚人。另一位跑者也有過兩次比賽休克的經驗，一次是在墾丁半超鐵熱衰竭，另一次是在苗栗標鐵脫水休克；當時，心率錶還不普及（比較貴），所以在求好心切下被自我感覺所欺騙，最後都因為昏倒在賽道上而沒有發揮應有的實力。事後都非常難過。

這位跑者在信中也提到：「坦白說，我現在有點陰影！目前被家人禁足中，本週六要在台大新竹分院心臟科做仔細檢查。」休克就像溺水，那當下很危險（有可能喪命），但度過之後的身體就跟之前一樣，完全正常。

【後　記】

訓練是一種藝術，
而跑錶是你創作的工具

　　我們對運動精神的定義是：不放棄，堅持到底，奮戰到最後一刻。藝術精神是透過有形作品把創作者內在無形的精神表達出來，好的藝術品能「感動人心」，而運動員的作品即是他的身體。藝術跟運動一樣，都無法立即帶來實質上的有形效益，但卻可以為精神帶來無法用有形效益換來的滿足感。

　　本書所談論的跑錶與各種科學化訓練的知識雖然很重要，但它只是一種用來雕琢自己身體的工具，這些工具能幫助我們完成創作。創作的過程可分為三個階段。首先是訓練計畫，第二是訓練或比賽過程中蒐集而來的數據，第三是分析，最後再把分析的結果拿來調整最初的訓練計畫。這是一個科學化訓練的循環，跑錶位居中間的樞紐位置，沒有跑錶，科學化訓練是無法進行的。

　　有不少跑者仍會質疑，單純跑步就好，為什麼一定要搞得這麼科學，就像創作時也不一定要用電腦，只用筆和顏料也可以作畫。這麼想也很好，但是別忘了：用電腦比較有效率！有效率的訓練不只是節省時間而已，也比較不容易過度訓練或受傷。想要把自己打造成一個更強的跑者，保持健康是最基本的，先要能避免以上狀況，才能持續進步下去。

有些跑者會說，我不看錶也能精準配速，不管是哪一種強度，都在我的身體記憶裡，每圈 400 公尺 90 秒都可以不差一秒連跑 10 公里。有位馬拉松業餘跑者，原本全馬的成績是 2 小時 55 分，練了一份週期化的訓練計畫之後，全馬成績進步到 2 小時 46 分，在比賽過程中，他完全沒看心率錶，只憑自我感覺來跑，最終前半馬跑出 1 小時 22 分，後半馬跑 1 小時 24 分，只差了兩分鐘。

配速是一門藝術，像心率錶這樣的裝備，只是輔助創造這門藝術的工具。對於跑步當下已能精準掌握自己身體狀況的跑者，訓練或比賽時當然不用再看錶，他可以直接憑直覺精準地跑出特定的強度區間。但我們還是會建議這類跑者帶錶比賽與訓練，目的並非為了監控，而是為了記錄比賽過程中分段配速和心率的數據，才能做為調整未來訓練方向的分析材料。

但跑步的訓練計畫與課表的調整則是一門科學，因為它與關鍵數據的分析密不可分。那就像建築雖然也是藝術品，但沒有以科學為基底的建築物，不安全，也沒有價值。

一份好的訓練計畫就像大樓的設計藍圖，主體必須符合穩固的力學結構，鋼筋數量必須用數學計算，水泥與建材的成分必須先透過化學知識來設計，執行建案的工程團隊則必須隨時因應各種外在環境的變因來調整施工過程。跑者的鍛鍊就像打造壯觀的 101 大樓一樣，其中藝術只占 20%，有 80% 根基於科學。不然，就會像憑直覺所打造的大樓一樣，不只蓋不高，也會禁不起考驗。

【附　錄】跑步科學術語匯整

中英文對照

英文簡稱	英文全名	中文全名	簡介
AC	Activity Class	活動層級	依跑者每週的訓練時數來決定，每週訓練的時數愈高，層級也愈高；書中也提到用 E 心率跑 90 分鐘，依心率飄移的幅度來判斷。
—	Fatigue Index	疲勞指數	過去每次訓練後都會使自己變得更疲勞，本書利用訓練量和班尼斯特等運動科學家所提出的「刺激 - 回饋理論方程式」來計算出跑者的疲勞指數。
Cad	Cadence	步頻	每分鐘腳掌著地的次數，步頻愈高，力學上的效益愈高，但對體能上的負荷也會增加，所以每位跑者要找到不同距離下適合自己的步頻。
EPOC	Excess Postexercise Oxygen Consumption	運動後過耗氧量	運動過後，身體休息時的攝氧量會高於運動前，這裡指的即是多出來的攝氧量。
—	Fitness Index	體能指數	過去每次訓練後都會使自己的體能變好，本書利用訓練量和班尼斯特等運動科學家所提出的「刺激 – 回饋理論方程式」來計算出跑者的體能指數。
GCT	Ground Contact Time	觸地時間	腳掌與地面接觸的時間（以毫秒計）。

英文簡稱	英文全名	中文全名	簡介
GCB	Ground Contact Balance	雙腳觸地平衡	「單腳觸地時間 ÷ 兩腳觸地時間總合」可用來量化左右腳的跑姿是否平衡，50/50 是最佳表現，代表兩腳的觸地時間各占 50%。
HR	Heart Rate	心率	每分鐘的心跳次數。
HRV	Heart Rate Variability	心率變異度	心臟的變頻能力，也可以說是面對環境變動時適應的速度，HRV 愈高的跑者，恢復速度愈快。
MHR	Max Heart Rate	最大心率	跑者在跑步狀態下的最大心率值。
RHR	Rest Heart Rate	安靜心率	跑者身體直立，處在安靜狀態下時的最低心率值。
HRR	Heart Rate Reserve	儲備心率	最大心率減去安靜心率值。
HR Zone	Heart Rate Zone	心率區間	分為最大心率法和儲備心率法，本書建議採用儲備心率法來計算心率區間，可分為五區，界於 1.0~5.9 之間： 1.0~1.9 是強度 1 區；2.0~2.9 是強度 2 區；3.0~3.9 是強度 3 區；4.0~4.9 是強度 4 區；5.0~5.9 是強度 5 區。
LT	Lactic Threshold	乳酸閾值	乳酸閾值心率，簡稱「T 心率」，乳酸閾值配速，簡稱「T 配速」。
THR	Threshold Heart Rate	閾值心率	處在乳酸閾值時的心跳率。
Pace	Running Pace	配速	每公里所花的時間，單位：分鐘 / 公里，例如 5:00/km，所代表的是每公里花費 5 分鐘。
—	Recovery Time	恢復時間	良好的恢復是當副交感神經掌握主導權時，副交感神經愈強的跑者(HRV 較高)，恢復時間愈短。

英文 簡稱	英文 全名	中文 全名	簡介
RER	Respiratory Exchange Ratio	呼吸交換率	身體產生的二氧化碳與氧氣消耗量的比值，最小值是 0.7，代表全部的氧氣都用來消耗脂肪。
TL	Training Load	訓練量	「訓練強度」乘上「訓練時間」。
TE	Training Effect	訓練效果	當次訓練的效果，數值介於 1.0~5.0 之間，效果愈好代表該次訓練對身體所帶來的壓力愈大。
VO$_2$max	Maximal Oxygen Uptake	最大攝氧量	每公斤體重每分鐘身體所使用的氧氣量 (ml/min/kg)。
VO	Vertical Oscilation	垂直振幅	跑步時，身體每一步向上振動的幅度。
VR	Vertical Ratio	移動參數	計算方式是「垂直振幅 ÷ 步幅」，是量化自己跑步技術的最佳指標。

備註：

目前能提供「預估最大攝氧量」、「訓練效果」、「恢復時間」這些功能的裝置有：

- Garmin：610, 620, 910XT, 920XT, Fenix 2, Fenix 3, epix （Garmin 的跑錶，從 610 之後就加入這項分析功能）
- Suunto：t3, t4, t6, Abit3
- Samsung：Gear S, Gear Fit, Gear 2, Gear 2 Neo, GALAXY S5, GALAXY Note 3, GALAXY S4